NAbg. Mag. Gerald Hauser
Univ.-Doz. Dr. Hannes Strasser, MSc.

Die gestohlene NORMALITÄT

WHO-Diktatur stoppen & Gesundheitssystem retten

Frank&Frei

Unser besonderer Dank
für die wertvolle Mitarbeit
an diesem Buch gilt

Dr. Christine Born,
Jaroslava Spanring, PhD.
Christian Papp
und Mag. Gisela Karner

Inhalt

Vorwort

Liebe Leser!

Im Winter 2020 erreichte das Corona-Virus Österreich. Mitte März verhängte die schwarz-grüne Regierung den ersten „Lockdown". Von da an dauerte es nicht lang, bis das unselige Schlagwort der „neuen Normalität" geboren wurde. Auffallend gleichzeitig brachten es der berüchtigte Vorsitzende des World Economic Forum (WEF), Klaus Schwab, und der damalige österreichische Bundeskanzler Sebastian Kurz in den politischen Diskurs ein. Schwab prophezeite in der Folge der Corona-Krise enorme gesellschaftliche Umwälzungen und schrieb in seinem im Juli 2020 erschienenen Buch, das im englischen Original den Titel „COVID-19: The Great Reset" trägt:

> *„Auf diese Weise wird eine ‚neue Normalität' entstehen, die sich radikal von jener unterscheidet, die wir nach und nach hinter uns lassen werden."*

Stichwortgeber für diese beängstigende Formulierung könnte Sebastian Kurz gewesen sein, der schon im April 2020 bei der Beendigung der ersten Phase des Ein-, Weg- und Zusperrens sagte:

> *„Das Virus wird nicht von heute auf morgen verschwunden sein. Und insofern ist es wichtig, in eine Phase der sozusagen neuen Normalität überzugehen."*

Mehr als drei Jahre später stehen wir alle immer noch unter dem Eindruck der Grausamkeiten, Repressionen und Verfassungswidrigkeiten, mit denen wir zur vorgeblichen Bekämpfung einer immer harmloser werdenden Virus-Infektion schikaniert wurden. Und zugleich wird immer deutlicher, dass die Regierenden nicht willens sind, aus ihren offensichtlichen Fehlern zu lernen.

Ganz im Gegenteil: Künftig sollen jede Kritik und jeder Widerstand am Obrigkeitshandeln während sogenannter Gesundheitskrisen im Keim erstickt werden. Darauf zielt insbesondere die derzeit in Verhandlung stehende Änderung der Internationalen Gesundheitsvorschriften in Zusammenhang mit dem beabsichtigten „Pandemievertrag" der Weltgesundheitsorganisation (WHO) ab. Wenn die WHO sich in Zukunft entschließt, eine „Pandemie" auszurufen, sollen die nationalen Parlamente bei den Maßnahmen nichts mehr mitzureden haben. Und wer sich widersetzt oder auch nur Kritik übt, der hat mit gnadenloser Zensur zu rechnen.

Der Kampf gegen eine drohende Allmacht der WHO und gegen die damit verbundene völlige Aushebelung der nationalen Souveränität in Fragen der Gesundheitspolitik ist ein Schwerpunkt freiheitlicher Politik. Die FPÖ hat schon im März 2023 im Nationalrat eine Stärkung unserer Verfassung beantragt, die zu einer starken Festung gegen Bevormundung und Übergriffe durch globalistische Organisationen, aber auch durch die EU ausgebaut werden soll. Parallel kämpfen wir gegen die Zustimmung Österreichs zum Pandemievertrag und zu den Änderungen der Internationalen Gesundheitsvorschriften sowie – sollten diese dennoch zustande kommen – gegen deren Ratifizierung und Umsetzung durch Österreich. Es ist uns 2018 gelungen, den ebenso verhängnisvollen UN-Migrationspakt in Österreich zu verhindern. Genauso entschlossen werden wir gegen jede Machtausweitung der durch den österreichischen Souverän in keiner Weise legitimierten WHO kämpfen.

Die Anmaßungen der WHO und ihrer Handlanger in der internationalen genauso wie in der österreichischen Politik bilden das Herzstück des vorliegenden Buches mit dem Titel „Die gestohlene Normalität". Es ist bereits das dritte Werk, mit dem der FPÖ-Nationalratsabgeordnete Mag. Gerald Hauser und der renommierte Arzt Dr. Hannes Strasser unschätzbar wertvolle Aufklärungsarbeit leisten. Die beiden Tiroler zählen seit Jahren zu den engagiertesten Akteuren des Widerstands gegen eine zunehmend totalitäre Politik, die ihre angeblich „alternativlosen" Maßnahmen durchsetzen will, ohne auf kritische Stimmen einzugehen. Was mit Corona begann, setzt sich in ähnlicher Weise in der „Klimapolitik" und bei der Haltung zum Krieg in der Ukraine fort. Völlig ignoriert werden dabei die Sorgen und Nöte der Bürger, die das alles mit ihrem hart erarbeiteten Wohlstand bezahlen müssen und durch eine enorme Teuerung geplagt sind.

Gegen diese Fehlentwicklungen anzukämpfen, bedarf eines langen Atems. Gerald Hauser und Hannes Strasser verfügen über die nötige Beharrlichkeit. Sie recherchieren in die Tiefe und packen die Probleme bei der Wurzel. Sie sind wahre Pioniere der Aufklärung, die es braucht, um möglichst vielen Menschen die Augen zu öffnen. Nur wenn das gelingt, werden wir unsere altbekannte und liebgewonnene Normalität erhalten und die Pläne einer „neuen Normalität" von Schwab, Kurz und ihren globalistischen Freunden durchkreuzen können.

Ich wünsche Ihnen eine spannende Lektüre!

Ihr Herbert Kickl

FPÖ-Bundesparteiobmann

Wer genau braucht eine „neue Normalität"? Die Hintergründe

Schwab, Kurz & Antonella

Wer sich für die Hintergründe der „neuen Normalität" interessiert, kommt am Weltwirtschaftsforum (World Economic Forum, WEF) nicht vorbei.[1] Das WEF ist eine Stiftung, die seit 1971 jährliche Treffen für Superreiche, Politiker und Wissenschaftler organisiert. Mitglieder des WEF, die der globalen Wirtschaftselite zugeordnet werden können, sind unter anderem die Bill & Melinda Gates-Stiftung[2], die Rockefeller Foundation[3], die Open Society Foundations[4] (Gründer George Soros)[5] und die Impfallianz GAVI[6].

Der selbsternannte Philanthrop, Klaus Schwab, ist Vorsitzender des WEF. Im Juli 2020 veröffentlichte Schwab zusammen mit Thierry Malleret sein Konzept zur Umgestaltung der Weltwirtschaft und -gesellschaft. Im Buch mit dem Titel „Covid-19: The Great Reset" (in deutscher Sprache „Covid-19: Der große Umbruch") sind die Thesen der beiden Autoren nachzulesen.[7] Dieser Publikation war der Vorschlag von Schwab vorangegangen, den er bei einem virtuellen Treffen des WEF am 3. Juni 2020 präsentierte: Darin legte er seinen Plan vom „Great Reset" für einen nachhaltigen

1 *https://www.weforum.org/*

2 *https://www.weforum.org/organizations/bill-melinda-gates-foundation*

3 *https://www.weforum.org/organizations/the-rockefeller-foundation*

4 *https://www.weforum.org/organizations/open-society-institute*

5 *https://www.opensocietyfoundations.org/who-we-are*

6 *https://www.weforum.org/organizations/gavi-alliance*

7 *als pdf unter google: Der große Umbruch*

Wiederaufbau der Wirtschaft und der Gesellschaft nach der Covid-19-Pandemie dar.[8]

Der „Great Reset“ ist ein autoritärer Umbau von Wirtschaft und Gesellschaft

Obwohl Schwabs Pläne vom „Great Reset“ – wie oben belegt – eine Tatsache sind, gibt es immer noch viele Menschen, die diese Fakten nicht genau kennen und sie einfach als Verschwörungstheorie abtun. Wer den „Great Reset“ als Verschwörungstheorie bezeichnet, hat das Buch von Schwab und Malleret offensichtlich nicht gelesen oder es verabsäumt, Begriffe wie „Klaus Schwab“, „WEF“ oder „The Great Reset“ im Internet zu recherchieren. An dieser Stelle möchte ich daher ein paar Zeilen aus dem oben angeführten Buch mit dem Titel: „Covid-19: Der große Umbruch“ zitieren:

„Zum Zeitpunkt der Abfassung (Juni 2020) verschlimmert sich die Pandemie weiterhin weltweit. Viele von uns fragen sich, wann sich die Dinge wieder normalisieren werden. Die kurze Antwort lautet: niemals.“ [9] So viel zur Normalität à la Klaus Schwab. Laut Vorstellungen des WEF bzw. von Klaus Schwab wird sich nichts mehr normalisieren.

---

8 *https://de.wikipedia.org/wiki/The_Great_Reset*

9 *Klaus Schwab, Thierry Malleret: COVID-19: Der große Umbruch. Forum Publishing, Genf 2020, ISBN 978-2-940631-19-3, S. 12*

Ziel der „neuen Normalität“: Nichts wird jemals wieder so sein wie zuvor

Die Autoren beschreiben den „Großen Umbruch“ zur Transformation der Wirtschaft und Gesellschaft in eine „neue Normalität“ noch genauer: „Nichts wird jemals wieder so sein wie zuvor. Die Normalität in dem Sinne, wie wir sie kannten, ist zu Bruch gegangen und die Coronavirus-Pandemie stellt einen grundlegenden Wendepunkt auf unserem globalen Kurs dar. Einige Analysten sprechen von einem Scheideweg, andere von einer tiefen Krise „biblischen“ Ausmaßes, das Ergebnis ist jedoch das Gleiche: Die Welt, wie wir sie in den ersten Monaten des Jahres 2020 kannten, gibt es nicht mehr, sie hat sich im Kontext der Pandemie aufgelöst. Es kommen derart radikale Veränderungen auf uns zu, dass manche Experten bereits von der Zeit „vor Corona“ (BC) und „nach Corona“ (AC) sprechen. Diese Veränderungen werden uns wie bisher „plötzlich und unerwartet“ überraschen und im Zuge ihrer Verkettung Auswirkungen zweiter, dritter, vierter und weiterer Ordnung, Dominoeffekte und unvorhergesehene Folgen hervorrufen. Auf diese Weise wird eine „neue Normalität“ entstehen, die sich radikal von jener unterscheidet, die wir nach und nach hinter uns lassen werden.“

Ex-Kanzler Kurz: Auf Kurs in die „neue Normalität“

Klaus Schwab hatte mit seinem Vorschlag beim virtuellen Treffen des WEF im Juni 2020 und mit seinem Buch, veröffentlicht im Juli 2020, das Kommen einer „neuen Normalität“ verkündet. In Österreich wurde der Begriff „neue Normalität“ von Ex-Kanzler Sabastian Kurz bereits seit Beginn der Corona-Krise im April 2020 verwendet und propagiert.[10]

10 *https://www.heute.at/s/corona-lage-in-osterreich-kurz-informiert-aktuell--49770727*

OÖNachrichten

LINZ 10°
Ort wählen >

OBERÖSTERREICH WIRTSCHAFT POLITIK KULTUR SPORT PANORAMA MEINUNG MEINE WELT THEMENSPECIALS AKTIONEN

KOMMENTARE MERKEN

POLITIK | INNENPOLITIK

Kurz kündigte eine "Phase der neuen Normalität" an

Von nachrichten.at/apa, 26. März 2020, 19:41 Uhr

Quelle: https://www.nachrichten.at/politik/innenpolitik/kurz-kuendigte-eine-phase-der-neuen-normalitaet-an;art385,3244929

HANS RAUSCHER

Was heißt "neue Normalität" jetzt genau?

Es gibt unterschiedliche Interpretationen, was mit der "neuen Normalität" gemeint ist: vernünftige Maßnahmen oder Beschränkung der Grundrechte

Kolumne / Hans Rauscher
22. April 2020, 06:00

Quelle: https://www.derstandard.at/story/2000117024069/was-heisst-neue-normalitaet-jetzt-genau

Der Standard fragte damals, was die „neue Normalität“ sei …

Aus dem Artikel in der Zeitung „Der Standard“ ging unter anderem auch hervor:

Ausgerechnet der FPÖ-Politiker Herbert Kickl meint nun, dass die neue Normalität der „Ausnahmezustand" sei. Aber auch und gerade liberalen Demokraten ist bei der paternalistischen Art der Regierung beziehungsweise des Kanzlers unbehaglich. Wer ein feines Sensorium hat, kann auch tatsächlich allerlei kleine Warnzeichen für autoritäre Neigungen vor allem in der türkisen Glaubensgemeinschaft registrieren.

Mit Tools am Rand des demokratischen Modells

Die FPÖ hat diese Tendenzen der Regierung hin zu einer autoritären Staatsform, der „neuen Normalität", von Anfang an kritisiert. Die Haltung der FPÖ zur „neuen Normalität" stellt daher auch das genaue Gegenteil zu den Aussagen der Beraterin von Ex-Kanzler Kurz, Antonella Mei-Pochtler, dar. In einem Interview mit der „Financial Times"[11] sprach die Beraterin des Ex-Kanzlers, die Mitglied in Schwabs WEF ist[12], über Contact-Tracing-Apps und andere Technologien. Diese würden künftig wesentlicher Bestandteil des sozialen Lebens sein, erklärte sie. Unter Verwendung von Schlagworten, die auch Ex-Kanzler Kurz häufig benutzte, enthüllte sie den Lesern: „Das wird Teil der neuen Normalität sein. Jeder wird eine App haben." Erst im weiteren Verlauf des Interviews erfolgte Mei-Pochtlers Offenbarung zum Begriff „neue Normalität", der wohl ein Synonym für den zur Regel gewordenen Ausnahmezustand unter Einschränkung der Bürgerrechte sein soll. Sie verkündete, dass sich europäische Länder an „Tools" gewöhnen müssten, die „am Rand des demokratischen Modells" stünden."[13]

Neben anderen beruflichen Tätigkeiten fungierte Antonella Mei-Pochtler laut Mainstream-Medien als Schattenkanz-

11 *https://www.diepresse.com/5808981/kurz-beraterin-jeder-wird-eine-app-haben*

12 *https://www.weforum.org/people/antonella-mei-pochtler*

13 *https://www.parlament.gv.at/dokument/XXVII/J/1869/fname_795672.pdf*

lerin während der Ära Kurz, und zwar als Leiterin der ehemaligen Stabstelle für Strategie, Analyse und Planung im österreichischen Bundeskanzleramt, die auch als Thinktank („Think Austria") bekannt war.[14] Think Austria wurde von Bundeskanzler Nehammer im Frühjahr 2022 aufgelöst und in bestehende Abteilungen des Bundeskanzleramts integriert.[15] In einem Interview mit der Zeitung Die Presse hatte Mei-Pochtler im Mai 2020 erklärt, dass Think Austria die Gestaltung von Gesetzen der Republik Österreich beeinflusst habe.[16] Mei-Pochtler ist also Mitglied beim WEF und einstige Leiterin von Think Austria. Es stellt sich von daher die Frage, ob die Mitglieder des früheren Thinktanks, welche in die verschiedenen Abteilungen des Bundeskanzleramts integriert wurden, nach wie vor Einfluss auf die österreichische Regierung ausüben? Setzen sie dort weiterhin Schwabs Konzept der „neuen Normalität" um?

FPÖ setzt sich für das „normale Normal" ein

Die FPÖ sagt klar NEIN zur „neuen Normalität" und hält nichts von Ankündigungen eines gesellschaftlichen Umbaus „am Rand des demokratischen Modells". Schon während der Corona-Krise standen wir Freiheitliche als einzige Partei im Parlament für „das normale Normal". Bereits am 22. April 2020 (!!!) hatte unser Obmann Herbert Kickl gefordert: „Zurück zur normalen Normalität. Wir wollen keine neue Normalität".[17] Hinter dieser Forderung stehen wir unverändert – bis heute.

---

14 *https://www.wiwo.de/my/politik/europa/antonella-mei-pochtler-die-schatten-kanzlerin/25885274.html*

15 *https://www.derstandard.at/story/2000133232281/nehammer-loeste-kurz-umstrittenen-think-tank-auf*

16 *https://www.diepresse.com/5755915/think-austria-was-kurz-vordenker-liefern-wollen*

17 *Herbert Kickl: „Zurück zur normalen Normalität! Wir wollen keine neue Normalität!" | Nur zu gern spricht Kanzler Kurz von der „neuen Normalität". Doch was bedeutet diese neue Normalität? Sie bedeutet Kontaktverbote,... | By Herbert Kickl | https://www.youtube.com/watch?v=zoRCDeUXyFo*

Bild-Quelle: FPÖ

Klaus Schwab, WEF-Vorsitzender, sowie Politiker und deren Berater erklären den Bürgern Österreichs, dass sie bald in einer „neuen Normalität“ leben müssen. Ist die Bevölkerung mit dieser Umgestaltung der Gesellschaft durch private Stiftungen und Systempolitik einverstanden? Keinesfalls! Die Menschen, die überall auf mich zukommen, um mit mir zu sprechen, wollen weder diese „neue Normalität“, noch die propagierte „neue Weltordnung“. Die Menschen in Österreich möchten in Ruhe und Freiheit leben. Sie wollen keine undemokratischen und übergriffigen Vorschriften befolgen müssen. Sie halten nichts von Willkür und wollen sich auch nicht am „Rand des demokratischen Modells“ bewegen.

Die Systemparteien wollen nicht zur Normalität zurück

Die Systemparteien, bestehend aus ÖVP, den Grünen, den NEOS und der SPÖ, führen unsere Gesellschaft hingegen unaufhörlich weiter hin zur „neuen Normalität“. Einige, wie z.B. die „Schwarzen“, versuchen, dies zu verbergen, andere, wie die NEOS, geben offen zu, dass sie nicht mehr zur Normalität zurückkehren wollen.

Neos-Mitgliederversammlung

Meinl-Reisinger am Parteitag: „Es gibt kein Zurück zur Normalität“

18.06.2023 um 14:02
von **Oliver Pink**
folgen

a a+

Speichern
Drucken
Vorlesen

Parteichefin Beate Meinl-Reisinger am Neos-Parteitag. IMAGO/Martin Juen

Quelle: https://diepresse.com/13431657

Aus diesem Grund ist die Debatte über die Normalität oder Nicht-Normalität entbrannt. Es geht dabei um nichts Geringeres als um die Zukunft unserer Gesellschaft und um die Frage, ob wir mit oder ohne Demokratie leben wollen!

Schon seit Beginn der COVID-19-Pandemie stand die FPÖ als einzige politische Kraft im Hohen Haus für das „normale Normal“ und damit für die Demokratie. Aktuell will sich nunmehr auch die ÖVP in Bezug auf die „Normalität“ neu definieren und hat statt der „neuen Normalität“ nun auf einmal die „normale“ Normalität für sich wiederentdeckt. Wie sich jedoch die ÖVP in Österreich mittlerweile als Vertreterin der Normalität darzustellen versucht, nachdem sie selbst zuvor die „neue Normalität“ ausgerufen hat, ist für viele unbegreiflich.[18] Gleichermaßen versucht die CDU in Deutschland,

18 *https://www.unzensuriert.de/198391-empoerungswelle-anti-kickl-kampagne-der-oevp-zentrale-wird-zum-rohrkrepierer/*

das Programm der AfD („Deutschland. Aber normal.“) zu kapern. Auch dort geht es also um das Thema „Normalität“.

Quelle: https://www.afd.de/wahlprogramm/

Eine sehr spezielle Rolle haben die Grünen in unserem Land hinsichtlich „neuer Normalität“ mit ihrem „grünen“ Bundespräsidenten übernommen. Der von allen Systemparteien aufgestellte Alexander Van der Bellen belehrt uns zum Thema „Normalität“. Er meint, Normalität fördere das Zerbrechen der Gesellschaft.[19] Die Grünen treiben demnach ganz offensichtlich die Agenda des WEF und der globalen Elite in Österreich voran. Ein Beispiel dafür ist auf der Webseite der Grünen Jugend Oberösterreich zu finden, wo in grünen Großbuchstaben Folgendes propagiert wird: „EINES IST KLAR, EINE NEUE NORMALITÄT WIRD ES NACH ÜBERSTANDENER PANDEMIE BRAUCHEN. DIE ALTE DARF ES NICHT MEHR LÄNGER GEBEN!“[20]

Von „normal“ keine Spur: Die ÖVP arbeitet weiter am Great Reset

Die ÖVP hat sich trotz ihrer Koalition mit den Grünen mittlerweile – nach außen hin – zur „normalen“ Normali-

19 *Van der Bellen kritisiert Parteien: „Normal“-Debatte fördert Zerbrechen der Gesellschaft | kurier.at*

20 *Neue Normalität - Ökologisch. Sozial. Fair. - Grüne Jugend Oberösterreich - Die Zukunft gehört uns! (gruene-jugend.at)*

tät bekannt. Doch wie schon zuvor erwähnt, hatte der „türkis-schwarze" Ex-Kanzler Kurz bereits im Frühjahr 2020 verkündet, dass eine „neue Normalität" für unser Heimatland geplant sei. Es ist daher nur Schattenboxen, wenn sich die ÖVP gegen die Aussagen der Grünen zum Thema „neue Normalität" stellt. Im Schatten des „schwarz-grünen" Streits zur Definition des Begriffs „Normalität" wird jedoch gemeinsam von den Koalitionspartnern nach wie vor die Umsetzung des „Great Reset" und die Transformation unserer Gesellschaftsordnung zur „neuen Normalität" vorangetrieben. Die „Schwarzen" arbeiten fleißig daran mit, die Agenda des WEF und der globalen Elite in Österreich umzusetzen. Da jedoch mittlerweile viele Menschen hinsichtlich dieser befremdlichen Regierungspolitik von „Schwarz" und „Grün" hellhörig geworden sind, gelingt den Politikern dieses offensichtliche Täuschungsmanöver immer seltener.

Das Landtagswahlergebnis 2023 in Niederösterreich hat bereits offenbart, dass die Täuschung der Bevölkerung durch Politiker, die nach den Konzepten des WEF und der globalen Elite handeln, nicht mehr mit dem gewünschten Erfolg umgesetzt werden kann.

Zu diesem Thema haben wir FPÖ-Chef Herbert Kickl drei Fragen gestellt:

Die verhängnisvolle „neue Normalität" naht mit Riesenschritten. Kann es uns noch gelingen, ihr zu entkommen?

Die selbsternannten Eliten wollen uns glauben machen, dass ihre Vorstellungen und Pläne alternativlos sind. Aber dem ist nicht so. In einer Demokratie gibt es immer eine Alternative. Jeder Bürger kann bei den Wahlen einen Beitrag zu einem Richtungswechsel leisten. Und jeder Bürger kann auch auf der Straße für seine Anliegen eintreten. Gemeinsam haben wir gegen das Corona-Regime riesige Erfolge gefeiert. Wir haben sogar den Impfzwang zu Fall gebracht. Das sollte uns Mut für die nächsten Schritte geben.

Trotz dieser großen Protestbewegung arbeiten die WHO und ihre Handlanger unbeirrt an einer „Gesundheitsdiktatur". Wie lassen sich der Pandemievertrag und die Änderung der Internationalen Gesundheitsvorschriften noch aufhalten?

Das WHO-Thema ist in der Bevölkerung noch nicht präsent genug, weil die Mainstream-Medien es bewusst links liegen lassen. Dieses Buch ist ein wichtiger Beitrag zur Aufklärung. Ich bin davon überzeugt, dass der Widerstand gegen diese irrwitzigen Vorhaben wachsen wird – in Österreich, aber auch international. Der neue slowakische Ministerpräsident Robert Fico hat angekündigt, dass seine Regierung gegen den Pandemievertrag stimmen und allen anderen Machtverschiebungen zugunsten der WHO widersprechen wird. Ich denke, wir werden noch viele Verbündete finden, ehe die Beschlussfassung ansteht, und bin daher zuversichtlich, dass wir diesen Irrsinn stoppen können.

Worauf führen Sie es zurück, dass die Politik sowohl in Österreich als auch international immer mehr den globalistischen Vorgaben folgt?

Daran haben die Krisen, mit denen wir seit einigen Jahren permanent konfrontiert sind, einen großen Anteil. Sie sorgen nicht nur in der Bevölkerung für Verunsicherung, sondern führen auch dazu, dass sich mutlose und bequeme Politiker der scheinbaren Mehrheitsmeinung kritiklos anschließen. Aber wenn man das Ohr bei den Bürgern hat, erkennt man schnell, dass es für die Standpunkte der selbsternannten Eliten in Wahrheit keine Mehrheit gibt. Dieses Hinhören bestärkt mich darin, im Sinne der Bürger nach Alternativen zu suchen. Das ist nicht der einfachste, aber der einzig gangbare Weg, wenn man als Politiker für sich in Anspruch nehmen will, die

Interessen der Bürger zu vertreten und unsere Heimat als souveränen Staat zu erhalten.

Die negativen Folgen des gesellschaftlichen Umbaus sind bereits erkennbar

Laut der Prognosen im Buch „The Great Reset" von Klaus Schwab werden uns nach der Krise „biblischen Ausmaßes", der COVID-19-Pandemie, „plötzlich und unerwartet" Veränderungen überraschen, die Dominoeffekte und unvorhersehbare Folgen nach sich ziehen. Das liest sich so, als ob es sich bei diesen Veränderungen um eine Naturkatastrophe handle, die „plötzlich und unerwartet" über die Gesellschaft hereinbricht und von niemandem verursacht wurde. Doch das Gegenteil ist der Fall. In der Politik sind Veränderungen, insbesondere große, in der Regel von Menschen geplant und bewusst initiiert. Im Einklang mit der globalen Elite setzt sich ja gerade Klaus Schwab für solche Veränderungen ein. Er und die Mitglieder des WEF haben das erklärte Ziel, dass sich Wirtschaft und Gesellschaft hin zu einer „neuen Normalität" entwickeln. Dazu ist in Schwabs Augen ein großer Umbruch unumgänglich, um den zukünftigen Entwicklungsszenarien gewachsen zu sein. Der angestrebte Transformationsprozess der Welt (inklusive Österreichs versteht sich) hin zu einem „neuen Normal" reicht weiter, als man dies auf den ersten Blick realisieren mag. Bei genauerer Betrachtung ist der durch das WEF und die globale Elite bewusst angestrebte und sich in Umsetzung befindliche Umbruch von Wirtschaft und Gesellschaft für uns mittlerweile überall in unserem Heimatland erkennbar.

Für unsere Kleinen: „Heiße" Tipps für Sexpraktiken – direkt aus dem Gesundheitsministerium

Die schwarz-grüne Regierung hat bereits in der Vergangenheit versucht, Krisensituationen zu nutzen, um eine Veränderung der gesellschaftlichen Normalität herbeizuführen.

Während der COVID-19-Pandemie wurden die persönliche Freiheit und die Grund- und Menschenrechte eingeschränkt. Als die Corona-Pandemie vorüber war, wollte uns die schwarz-grüne Regierung diese persönliche Freiheit jedoch nur zögerlich und vorerst nicht in vollem Umfang zurückgeben. Die Maßnahmen zur „Pandemiebekämpfung", auf die man jederzeit wieder zurückgreifen möchte, sind allerdings nicht die einzigen Indikatoren, an denen sich die Bestrebungen der Regierung zur Umgestaltung unserer Gesellschaft ablesen lassen.

Im Rahmen der Umsetzung der „neuen Normalität" soll die Naturgegebenheit der Geschlechter unterminiert werden. Unseren Kindern gegenüber wird behauptet, dass es unzählige Geschlechter gäbe. Keiner kennt sie jedoch so genau. Die natürlichen Geschlechter, Frau und Mann, werden öffentlich angezweifelt oder gar negiert. Bestrebungen zur Frühsexualisierung sind am anzüglichen Inhalt einer unter „Safer-Sex" laufenden Werbeaktion des Gesundheitsministeriums deutlich erkennbar: „Spitz auf Doggy?", „Scharf auf Scissoring?", „Heiß auf Blümchensex?", „Bock auf Rimming?" oder „Lust auf Lecken?" Die Antwort auf diese Fragen lautete: „Ja. Safe!" All dies ließ der grüne Gesundheitsminister unseren Kindern und Jugendlichen auf Postkarten, Bierdeckeln, Facebook und Instagram ausrichten.

Die FPÖ hat aufgrund dieser Safer-Sex-Kampagne anlässlich des „Pride Month" Anzeige gegen Gesundheitsminister Johannes Rauch erstattet. Niemand kann mir weismachen, dass hier nicht diverse Sexpraktiken beworben werden sollten und dass es sich dabei nur um eine Kampagne hinsichtlich Verhütung handelte. Was den Inhalt dieser Werbeaktion des Gesundheitsministers anbelangt, greift das Pornographiegesetz:

Pornographiegesetz § 2[21]

(1) Eines Vergehens macht sich schuldig, wer wissentlich

a) eine Schrift, Abbildung oder sonstige Darstellung, die geeignet ist, die sittliche oder gesundheitliche Entwicklung jugendlicher Personen durch Reizung der Lüsternheit oder Irreleitung des Geschlechtstriebes zu gefährden, oder einen solchen Film oder Schallträger einer Person unter 16 Jahren gegen Entgelt anbietet oder überlässt,

b) eine solche Schrift, Abbildung oder sonstige Darstellung auf eine Art ausstellt, aushängt, anschlägt oder sonst verbreitet, dass dadurch der anstößige Inhalt auch einem größeren Kreis von Personen unter 16 Jahren zugänglich wird,

c) einer Person unter 16 Jahren ein solches Laufbild oder einen solchen Schallträger vorführt oder eine Theateraufführung oder sonstige Darbietung oder Veranstaltung der bezeichneten Art zugänglich macht.

(2) Die Tat wird, sofern sie nicht nach anderen Bestimmungen mit strengerer Strafe bedroht ist, mit Freiheitsstrafe bis zu sechs Monaten oder mit Geldstrafe bis zu 360 Tagessätzen bestraft.

Auch das Bildungsministerium fördert die Frühsexualisierung von Kindern

Anstatt junge Menschen unter 16 Jahren vor der gesetzeswidrigen Frühsexualisierung zu schützen, organisieren Regierungsparteien Buchlesungen mit Dragqueens für Kinder. Eine Dragqueen ist ein Mann, der in künstlerischer oder

21 *https://ris.bka.gv.at/GeltendeFassung.wxe?Abfrage=Bundesnormen&Gesetzesnummer=10005226&FassungVom=2021-07-12*

humoristischer Praktizierung von Travestie durch Aussehen und Verhalten eine Frau darstellt. Warum gerade die Dragqueens dazu geeignet sein sollen, unsere Kleinsten zu bespaßen, erschließt sich mir ganz und gar nicht. Dass Dragqueens einen sexuellen Aspekt haben, erkennt man doch schon an deren Namen, zum Beispiel „Candy Licious“ oder „Salina Es-Titties“.

Auch in den Schulen geht es, salopp gesagt, drunter und drüber! Anstatt etwas gegen die stetige Verschlechterung des Bildungsniveaus zu unternehmen, wird versucht, die Schulen zu einem Ort der Auflösung der traditionellen Geschlechterrollen zu machen! Ganz im Sinne und mit Hilfe der LGBTIQ-Ideologie (LGBTIQ steht für Lesben, Schwule, Bisexuelle, Trans, Inter und Queers, Anm.). Besonders schockierend ist dabei, dass all dies vom Bildungsministerium unter der Leitung der ÖVP sogar noch unterstützt wird. Damit werden unsere Werte und Traditionen zerstört und eine sogenannte „woke, aufgewachte Gesellschaft“, welche die Menschen immer mehr von sich selbst entfremdet, wird mit großer Geschwindigkeit vorbereitet!

Was meint der Bildungsminister zur Ideologisierung des Unterrichts?

Ich habe Bildungsminister Martin Polaschek in meiner Parlamentsrede im Juli 2023 mit dieser Problematik konfrontiert:

„Herr Minister! Ich habe mir die Medienberichte der letzten Wochen angeschaut. Ich frage Sie: Worüber wird denn, wenn über Schule und über die Schulpolitik berichtet wird, geschrieben, Herr Minister? – Es wird nicht über unsere hohen Bildungsstandards geschrieben, nein! Herr Minister, worüber wird denn geschrieben? – Über die Auftritte von Dragqueens, das wird österreichweit diskutiert, über queere Veranstaltungen. Es scheint wirklich so zu sein, als ob es das wichtigste bildungspolitische Thema sei, dass man Dragqueens in unsere Schulen, in unsere Klassen hineinbringt, damit die Kinder wissen, welche Lebensformen es gibt [...]

Um in Erfahrung zu bringen, ob die Vermittlung von queeren Inhalten und das Abhalten von Dragqueen-Auftritten in Schulen zukünftig Teil des Schulunterrichts sein sollen, hat unser Bundesratskollege Leinfellner eine parlamentarische Anfrage gestellt, Herr Minister. Und ich zitiere jetzt für uns alle aus dieser parlamentarischen Anfrage, damit die Zuseher draußen wissen, wohin sich diese ÖVP entwickelt, die immer mehr unsere traditionellen Werte, unsere Kultur verrät, vom Aufstehen bis zum Schlafengehen.

Erste Frage aus dieser parlamentarischen Anfrage:

‚Welche Position vertreten Sie bzw. Ihr Ressort in Bezug auf die Vermittlung von queeren bzw. LGBTIQ-Inhalten im österreichischen Schulwesen?'

Herr Minister, ich lese Ihnen das vor – ich zitiere Sie –:

‚Wie im Grundsatzerlass ‚Sexualpädagogik', Rundschreiben" – bla, bla – ‚festgehalten, ist die schulische Sexualpädagogik an der Lebensrealität von jungen Menschen orientiert und basiert auf wissenschaftlich gestützten Informationen.' Und im nächsten Satz definieren Sie uns, was Sie meinen. Was ist für Sie Wissenschaft? Was ist für Euch, die ÖVP, Wissenschaft? – ‚Schüler/innen sollen vielfältige Lebensentwürfe und Biographien als gesellschaftliche Normalität wahrnehmen'. Das ist Ihre gesellschaftliche Normalität – mit Unterstützung, mit Applaus seitens der grünen Fraktion. Ihr wisst also, wo Ihr seid. Ihr macht grüne Ideologie, grüne Politik in den Schulen. Es ist wirklich erschreckend, was da abläuft.'"[22] (Es wird hier

22 *https://www.parlament.gv.at/dokument/XXVII/NRSITZ/224/A_-_16_19_03_00301142.pdf*

im Zitat Bezug genommen auf das Rundschreiben Nr. 11/... Forschung, Anm.)

Das Bildungsministerium, unter Leitung der ÖVP, sieht sich dazu verpflichtet, unseren Kindern im Rahmen ihrer schulischen Ausbildung die LGBTIQ-Ideologie zu vermitteln. Eckpfeiler einer soliden Grundausbildung scheinen hingegen nur mehr eine untergeordnete Rolle zu spielen. Lesen, Schreiben, Rechnen – diese Grundfertigkeiten, die wir als Freiheitliche Partei immer wieder einfordern, sind bei vielen Schülern nur mehr auf beängstigend niedrigem Niveau vorhanden. Diese Grundfertigkeiten sind jedoch von größter Wichtigkeit für ein selbstbestimmtes Leben.

Mit Klimapanik und Verbotspolitik in die „neue Normalität"

Der Umweltschutz steht bei der Umgestaltung unserer Gesellschaft ganz oben auf der Agenda der Regierung, insbesondere bei den Grünen. Niemand verweigert sich dem Umweltschutz, denn dieser ist gelebter Heimatschutz. Umweltschutz bedeutet aber mehr als nur CO2-Reduktion oder Fokussierung auf das Klima. Der einseitige Blick auf CO2 und Klima lässt andere wichtige Umweltthemen – wie die Umweltzerstörung durch den Bau von Flüssiggas-Terminals (LNG-Terminals)[23] und das Fracking bei der Gewinnung von Erdgas[24] – unberücksichtigt. Die deutsche Regierung schlägt tatsächlich beim Bau eines umweltzerstörenden LNG-Terminals vor den Sandstränden der Seebäder auf der Insel Rügen jeglichen Protest der Bevölkerung und der Umweltschützer in den Wind.[25] Wo bleiben da die Klimakleber?

---

23 *https://www.ardmediathek.de/video/ndr-info/wilhelmshaven-massive-umweltzerstoerung-durch-lng-terminal-erwartet/ndr/Y3JpZDovL25kci5kZS8zMjA1YzdiOS0xNGYxLTRmMDItYmRiNi1hYjY0MGY1N2VmNzI*

24 *https://taz.de/Umweltdesaster-in-USA/!5702587/*

25 *https://taz.de/LNG-Terminals-in-Deutschland/!5920313/*

Eine leistungsfähige Wirtschaft sowie andere systemrelevante Bereiche des öffentlichen und privaten Lebens dürfen natürlich den Klimaschutzmaßnahmen oder Vorgaben der Regierung keinesfalls geopfert werden. Dies könnte fatale Folgen für den Fortbestand der Infrastruktur unserer Heimat haben. Ob die neuen „grünen" Vorschriften tatsächlich langfristig umweltschonend sind, muss sich auch erst noch herausstellen. Die Umsetzung von Klimaschutzmaßnahmen mit Augenmaß und langfristiger Planung ist von jeher mein Zugang zum Thema Umwelt. Ein ausbalanciertes Vorgehen steht in Kontrast zum zunehmend autokratischen Vorgehen der Systemparteien in der Klimadebatte. Es wird nicht mehr auf Mitarbeit, Verständnis und Motivation der Bevölkerung gesetzt.

Vorschriften und Strafen sind die neuen Werkzeuge zur Umsetzung von geradezu militant wirkenden Umweltprogrammen. Dem Narrativ vom Klimawandel darf nicht einmal von anerkannten Wissenschaftlern widersprochen werden. Konstruktive Kritik an der offiziellen Meinung zum Umgang mit Umwelt- und Klimaschutz ist – auch aus Kreisen der Wissenschaft – nicht erlaubt. Das Narrativ der Regierung zu unterstützen, beispielsweise durch Festkleben auf der Straße oder Beschütten von Kunstwerken mit Farbe u. a. m., wird hingegen geradezu gutgeheißen.

Wenn wir dem vom WEF und der globalen Elite in Gang gesetzten Prozess zur Installation der „neuen Normalität" nicht Einhalt gebieten, werden alle Bereiche unseres Lebens in absehbarer Zeit zunehmend zentral gesteuert sein. Sollten die aktuellen Entwicklungen zum „neuen Normal" weiter voranschreiten, wird bald auch nur noch die von der Elite vorgegebene Einheitsmeinung erlaubt sein. Dies müssen wir verhindern, denn wir, das Volk, sind der Souverän und unsere Meinung zählt!

Auf dem Weg in das „1984“ von George Orwell?

Im Roman 1984 von George Orwell, der im Jahr 1949 in Großbritannien erstveröffentlicht wurde, wird das Leben von Bürgern in einem fiktiven, diktatorischen und totalitären Überwachungsstaat linksextremer Prägung in einer düsteren Zukunft beschrieben.[26,27] Wer gegen die von der Regierung vorgegebenen Regeln verstößt, gilt als nicht staatskonform und wird so lange einer äußerst schmerzhaften Gehirnwäsche unterzogen, bis er die Ideologie der totalitären Staatspartei verinnerlicht hat. Als „neu geformter Staatsbürger“ wird er dann wieder in die von den Machthabern kontrollierte und überwachte Gesellschaft eingegliedert. Unverbesserliche „Gedankenverbrecher“ werden auf Anordnung des herrschenden Regimes exekutiert.

Orwell schien schon vor einigen Jahrzehnten das mögliche Kommen einer totalitären Gesellschaftsordnung, die durchaus auch als „neue Normalität“ bezeichnet werden kann, vorausgeahnt zu haben. Man muss sich im Zusammenhang mit dem Werk Orwells nur an unsere Erfahrungen während der COVID-19-Pandemie erinnern: Während dieser Zeit wurden Personen, die gegen die Auflagen der Regierung verstießen, bestraft, obwohl das COVID-19-Virus – mit verschwindend geringen Ausnahmen – keine ernstzunehmende Bedrohung darstellte. Hinsichtlich von Viruserkrankungen sei auch angemerkt, dass eine herkömmliche Grippewelle in rund drei Monaten bis zu 6.000 Todesopfer in Österreich fordern kann.[28] Mit dem Aufkommen einer Grippewelle wurden in der Vergangenheit in Österreich jedoch weder Lockdowns, 3G-Regeln oder eine Maskenpflicht verordnet, noch die Frei-

---

26 *George Orwell, Nineteen Eighty-Four. Penguin, London, 2021, (aktuelle Originalausgabe), ISBN 978-0-24-145351-3*

27 *https://de.wikipedia.org/wiki/1984_(Roman)*

28 *https://sciencev1.orf.at/science/news/96097*

heit der Bevölkerung massiv eingeschränkt. Durch die Bestrafung bei Nichteinhaltung staatlich auferlegter Regeln wollte man die Bevölkerung disziplinieren. Sie durfte nicht gegen das Corona-Narrativ, die Ideologie der Machthaber, verstoßen. Um den Schutz der Bevölkerung vor Viren ging es nicht wirklich. Hier tun sich Parallelen zum totalitär agierenden Staat in Orwells Roman auf. Waren die Vorschriften und Maßnahmen in der Pandemie dazu bestimmt, die Bevölkerung auf das Kommen einer „neuen Normalität" vorzubereiten?

Selbstbestimmung bei Impfungen – eine wichtige politische Forderung

Die Impfpflicht für bestimmte Berufsgruppen, das beschlossene Impfpflichtgesetz und die Ausübung von Druck – mit dem Ziel der Verabreichung von wenig erforschten, neuartigen COVID-19-mRNA-Impfstoffen während der Pandemie – haben die autoritären Züge dieser Regierung zum Vorschein gebracht. Laut Bericht des Bundesamtes für Sicherheit im Gesundheitswesen (BASG) vom 1. August 2023 wurden in Österreich 326 Todesfälle in zeitlicher Nähe zur Impfung gegen COVID-19 gemeldet. 262 Todesfälle sind noch in Abklärung oder es wurden dazu keine weiteren Informationen übermittelt.[29] Außerdem wurden Meldungen über schwere Nebenwirkungen, wie z. B. 472 Fälle von Myokarditis (Herzmuskelentzündung), an das BASG übermittelt.

Laut des Verbandes der pharmazeutischen Industrie Österreichs (PHARMIG) werden jedoch nur sechs Prozent der unerwünschten Nebenwirkungen von Arzneimitteln in Österreich gemeldet.[30] Das bedeutet, dass die Todesfälle und Nebenwirkungen noch wesentlich höher liegen. Mit der COVID-

---

29 *https://www.basg.gv.at/fileadmin/redakteure/05_KonsumentInnen/Impfstoffe/Bericht_BASG_Nebenwirkungsmeldungen_27.12.2020-30.06.2023_BTVI.pdf*

30 *https://www.krone.at/2400796*

19-Impfung und dem damit einhergehenden indirekt oder direkt auferlegten Impfzwang haben wir Orwells 1984 während der COVID-19-Pandemie in Form eines erschreckenden Paradoxons eingeholt. Nicht die Impfverweigerer, also die Orwellschen „Gedankenverbrecher", sondern etliche Personen, die der Aufforderung der Regierung zur Verabreichung der COVID-19-Vakzine gefolgt waren, wurden mit schweren Nebenwirkungen oder Tod in zeitlicher Nähe zur Injektion „bestraft". Aber auch die Menschen, die eine Impfung ablehnten, wollte man offensichtlich mit sozialer Ausgrenzung und mit Geldbußen bestrafen und einschüchtern.[31,32] Im Falle von neuen „Pandemien" könnten solche diskriminierenden und strafenden Maßnahmen wieder aktuell werden.

Gehirnwäsche mit Propagandaparolen

Es gibt weitere Parallelen zwischen Orwells Horrorvision über das Leben in einem zentralistisch regierten Überwachungsstaat und der „neuen Normalität". Die fiktive, totalitäre, alleinherrschende Partei „INGSOC" in Orwells Roman proklamiert zur Belehrung und Lenkung der Bürger folgende Parolen: „Krieg ist Frieden. Freiheit ist Sklaverei. Ignoranz ist Stärke."

Und wie lauten die Dogmen der systemgesteuerten Einheitsparteien und Medien in unseren Tagen? „Kriegspolitik statt Friedensdiplomatie!" oder „Solidarität statt Freiheit!", „Coronaimpfung ist Akt der Liebe"[33], „Die Corona-Impfung zu hinterfragen ist irrational"[34], „Maskenpflicht, Lockdowns,

---

31 *https://www.heidelberg24.de/baden-wuerttemberg/baden-wuerttemberg-verordnung-ungeimpfte-2g-test-lockdown-regeln-zr-90956258.html*

32 *https://www.youtube.com/watch?v=uGGoDhhDtW4*

33 *https://www.spiegel.de/panorama/papst-wirbt-fuer-corona-impfungen-als-akt-der-liebe-a-10cf02de-5feb-47f9-9087-71796d5bbd62*

34 *https://www.deutschlandfunkkultur.de/impfzwang-und-solidaritaet-wer-sich-nicht-impfen-laesst-100.html*

Einschränkung der Grundrechte, Impfen, Impfpflicht und Überwachung statt Freiheit!", „COVID-19-Impfstoffe sind wirksam und sicher!" und „Vertraut der Regierung und den Leitmedien, ignoriert die Kritiker!"[35], um nur einige wenige zu nennen.

Die Parolen der autoritären Staatsgewalt in Orwells Buch weisen große Ähnlichkeiten mit den oben angeführten aktuellen Propagandabeispielen auf. Sind diese Propagandaparolen ein bewusster Schritt in Richtung „neue Normalität", die das WEF und die globalen Wirtschaftseliten zu ihrem eigenen Vorteil installieren wollen? Jeder möge für sich abwägen, ob die von Orwell zitierten Leitsprüche der fiktiven autoritären Partei INGSOC mit den politischen Schlagworten unserer Tage vergleichbar sind.

In seinem letzten Interview (BBC)[36] gab George Orwell eine düstere Prognose ab, indem er erklärte: „Wenn Sie sich ein Bild von der Zukunft machen wollen, stellen Sie sich einen Stiefel vor, der in ein menschliches Gesicht tritt." Am Ende seiner Ausführungen richtete Orwell noch eine finale, warnende Aufforderung an die Menschheit: „Lasst es nicht zu, es hängt von euch ab!"

Die COVID-19-Pandemie hat uns augenscheinlich einen Vorgeschmack auf die von Politikern, dem WEF und der globalen Elite angestrebten „neuen Normalität" vermittelt. Die Ereignisse im Zuge der COVID-19-Pandemie werden, davon ist auszugehen, keine bereits vergangene, temporäre Erscheinung bleiben. Das Aufkommen neuer „Pandemien" wurde und wird von „Experten für Pandemien", wie etwa Bill Gates, der WHO, Klaus Schwab und dem WEF („Wir können nicht zur alten Normalität zurückkehren"), bereits angekündigt.

---

35 *https://www.youtube.com/watch?v=6NR5lEAvar4*

36 *https://www.youtube.com/watch?v=9k_ptxWsadI*

Dies wird, so ist stark zu befürchten, auch die Rückkehr von Regeln, Vorschriften und Sanktionen zur „Virusbekämpfung" nach sich ziehen, die erneut mit starken Eingriffen in die Grund- und Menschenrechte oder gar mit deren Aufhebung einhergehen. Sollten der Internationale Pandemievertrag und die Änderungen der Internationalen Gesundheitsvorschriften der WHO (2005) in Kraft treten, ist es denkbar, dass mit der Ausrufung neuer „Pandemien" der Weg in eine „neue Normalität", in ein 1984 à la George Orwell", geebnet werden kann.

In diesem Zusammenhang tut sich daher die folgende Frage auf: Hat der britische Autor die Welt in seiner düsteren Zukunftsvision nur ersonnen oder verfügte er über Informationen, aus denen hervorging, dass die Installation einer neuen, zutiefst antidemokratischen Gesellschaftsordnung, einer „neuen Normalität", zum zukünftigen Schicksal der Menschheit werden soll?

Die Antwort darauf könnte uns wahrscheinlich nur George Orwell selbst geben. In Hinblick auf das Vermächtnis Orwells verbleibt jedoch noch eine weitere Frage, die jeden von uns betrifft und die jeder von uns nur selbst beantworten kann: Möchten wir in einer totalitären Überwachungswelt leben, in der kein Raum mehr ist für Menschlichkeit, Individualität und freie Entscheidung?

Darstellung der derzeit vorhandenen vielfachen Krisen

Quelle: www.ac-frieden.de (Aachener für eine menschliche Zukunft), Grafik erhalten Dr. Wolfgang Wodarg

Der gläserne Mensch im Sozialkreditsystem

Globale digitale Überwachung

Der bekannte Sänger Udo Jürgens (verstorben 2014) machte mit seinem Hit „Der gläserne Mensch“ bereits vor Jahren darauf aufmerksam, wie sehr wir alle „im Netz gefangen“ sind und über Social Media ausgespäht werden. [37]

> *Die Digitalisierung bezeichnet das vermehrte Nutzen digitaler Medien – sowohl im Alltag als auch im sozialen und wirtschaftlichen Bereich.* [38]

So praktisch die Digitalisierung auch sein mag, sie birgt Gefahren: Vor allem der Daten- und Verbraucherschutz sind durch sie bedroht. Besonders personenbezogene Daten werden digital erfasst und gespeichert und jeder, der bereits einmal versucht hat, etwas online zu löschen, weiß: Das Internet vergisst nie! Digital gespeicherte Daten können durch allerlei Zugriffsmöglichkeiten jederzeit auf legalen oder illegalen Wegen beschafft bzw. wiederhergestellt werden.

Für die Freiheitliche Partei ist der Datenschutz ein elementares Anliegen. Wir sind die einzige Partei, die sich in Österreich nach wie vor für den vollumfänglichen Datenschutz einsetzt. Unser Ziel ist es, den gläsernen Menschen zu verhindern. Daher muss man an mehreren Fronten ansetzen: Schutz der Gesundheitsdaten, Bargelderhalt und die Verhinderung

---

37 *Udo Jürgens - Der gläserne Mensch (Das letzte Konzert Zürich 2014) - YouTube*

38 *https://studyflix.de/informatik/digitalisierung-4234*

der Überwachung von Personen in Bezug auf ihr „Verhalten" – Stichworte: CO2-Ausstoß, Konsumgewohnheiten, Internetprofile, etc., etc. Wir müssen die Privatsphäre jedes Einzelnen in allen Bereichen schützen, um die weltweite Weitergabe unserer Daten, besonders der Gesundheitsdaten, zu verhindern.

Über digitale Währung haben wir in unserem Buch „Und die Schwurbler hatten doch recht …" berichtet. An dieser Stelle möchte ich daher nur kurz festhalten: Eine digitale Währung hinterlässt immer Spuren und ermöglicht somit Kontrolle. Sie ist programmierbar und könnte sogar mit einem Verfallsdatum versehen werden. Alles mehr als bedenklich!

Soziales Punktesystem wie in China – auch bei uns?

Wir dürfen durch die zunehmende Digitalisierung nicht irgendwann dort landen, wo China bereits jetzt angelangt ist, nämlich im chinesischen Sozialkreditsystem. In China wird die Bevölkerung mittels Vergabe von Punkten total kontrolliert: Erwünschtes Verhalten wird belohnt – unerwünschtes bestraft.

> *Chinas Regierung sammelt über jede*n Bürger*in und jedes Unternehmen umfangreiche Informationen aus unterschiedlichen (Lebens-)Bereichen und erstellt daraus öffentlich einsehbare „schwarze Listen". Wie konsequent werden Kredite zurückgezahlt? Hat sich jemand im Zug grob danebenbenommen? Wie gut halten sich Unternehmen an staatliche Vorgaben? Und werden pflegebedürftige Angehörige gut versorgt?*[39]

Die Voraussetzungen für das chinesische Sozialkreditsystem sind: umfassende Video- und Internetüberwachung, ständige Kontrolle sowie Erfassung und Speicherung von Daten. All

39 *https://rudolphina.univie.ac.at/das-social-credit-system-in-china*

Chinas Social-Credit-System

Das Projekt wird als das ambitionierteste Experiment der digitalen sozialen Kontrolle bezeichnet, das je gestartet wurde. Die chinesische Regierung will ihr Social-Credit-System bis 2020 landesweit einführen.

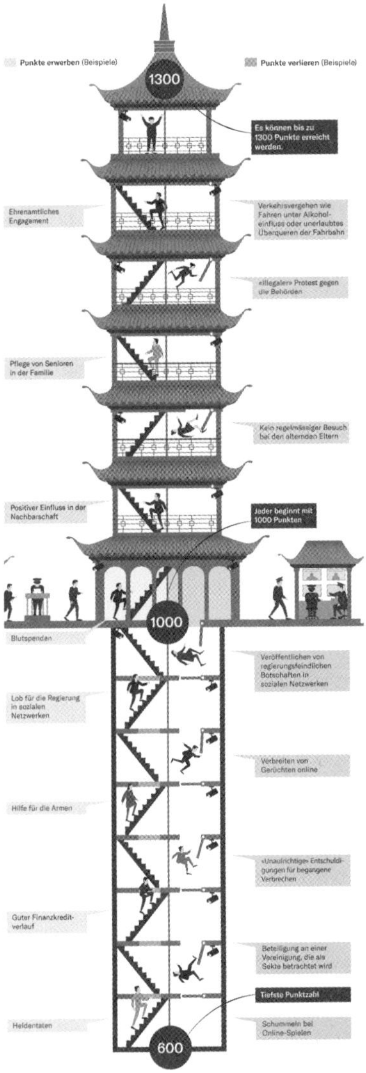

Quelle: nzz.ch

dies ergäbe wenig Sinn, wenn aufgrund dieser gesammelten Daten nicht auch Sanktionen bei Verstößen gegen die aufgestellten Regeln verhängt werden könnten. Jeder Bürger startet mit 1000 Punkten. Wie im Bild oben grafisch dargestellt, werden Bürger, die alle Vorgaben der Regierung befolgen, mit Extrapunkten belohnt und können bis auf 1300 Punkte „klettern". Wenn jemand nicht „brav" ist, wird er bestraft und bekommt Punkte abgezogen. In der Grafik sind nur ein paar wenige Szenarien angeführt, wie zum Beispiel, dass es unerwünscht ist, regierungskritische Nachrichten in sozialen Medien zu posten, was einen Punkteabzug zur Folge hat. Den Zuständigen sind jedoch beim Erstellen von Regeln keinerlei Grenzen gesetzt. Man kann sich daher lebhaft vorstellen, wie sehr das Sozialkreditsystem noch kreativ ausgebaut werden könnte …

Digitalisierung ermöglicht totale Überwachung

Was als richtig oder falsch gilt, wird bei der Einführung eines Sozialkreditsystems vom Staat festgelegt. Die Verwendung von künstlicher Intelligenz in Kombination mit 5G und Videoüberwachung, auch mit fliegenden Drohnen, macht die Kontrolle von Bürgern problemlos möglich. Jedes Detail aus dem Leben der Bürger kann daher effizient erfasst werden. Mit der staatlichen Überwachung des Internets kann auch die Verbreitung von Gerüchten und unerwünschten Informationen sanktioniert und damit unterbunden werden.

> *Was im chinesischen Internet als Gerücht gilt, liegt letztlich in der Hand des Staates. Damit ist auch der Sanktionierung von politisch kritischem Verhalten Tür und Tor geöffnet.* [40]

So Christoph Steinhardt, ein assoziierter Professor am Institut für Ostasienwissenschaften der Universität Wien, der

40 *https://rudolphina.univie.ac.at/das-social-credit-system-in-china*

nach einem Master in Soziologie und Politikwissenschaften elf Jahre lang in Hong Kong und Singapur gelebt, promoviert und geforscht hat.

Die Corona-Krise war in vielen Bereichen ein Digitalisierungs-Turbo. Homeoffice und Homeschooling wurden ausgebaut. Viele tätigten Online-Käufe und haben in schnellere Internetverbindungen investiert, was vor allem während der Lockdowns zur Notwendigkeit wurde. Dies führte zu einem großen Anstieg von digital gespeicherten, auch personenbezogenen Daten und der Weg zum gläsernen Staatsbürger wurde damit geebnet.

Wir sollten also möglichst zur Normalität zurückfinden. Die Digitalisierung sollte das Leben unterstützen und es nicht beherrschen, indem immer mehr personenbezogene Daten gespeichert und weitergegeben werden. Ansonsten finden wir uns eines Tages in einer absolut gläsernen Gesellschaft wieder – siehe dazu auch die Beschreibung des Lebens der gläsernen Staatsbürger im Roman „1984" von George Orwell. Ein Umbau in eine gläserne, digital total überwachte Gesellschaft ist problematisch, denn man kann zwar hoffen, sich jedoch nicht darauf verlassen, dass die Digitaltechnologie nicht zum Nachteil der Bürger benutzt wird.

Die Systemparteien achten zu wenig auf den Datenschutz

Bedauerlicherweise teilen die anderen im Parlament vertretenen Parteien unsere umsichtige Position zur Digitalisierung und zum Datenschutz nicht. So stellten zuletzt die NEOS folgenden Antrag – ich zitiere aus dem Entschließungstext:

> *Die Bundesregierung, insbesondere der Bundesminister für Gesundheit [...] wird aufgefordert, die vorhandenen gesetzlichen Grundlagen für die Erhebung, Sammlung und Nutzung von Gesundheitsdaten zu analysieren und einen Um-*

setzungsplan zu erstellen, [...] um [...] so auf die Einführung des EHDS vorbereitet zu sein. [41]
[Anm.: EHDS = European Health Data Space]

Der Inhalt des Antrags der NEOS, den die Einheitspartei – bestehend aus ÖVP, Grünen, SPÖ und NEOS – in der oben zitierten Form beschlossen hat, bedeutet, dass in Zukunft alle Gesundheitsdaten in Österreich gesammelt, analysiert und an ein europäisches Datensystem, den Europäischen Raum für Gesundheitsdaten (EHDS), weitergeleitet werden können. Im Antrag berufen sich die NEOS auf die EU und den Vorschlag für eine Verordnung des Europäischen Parlaments und des Rates über den Europäischen Raum für Gesundheitsdaten (102291/EU XXVII.GP). In der Begründung des EU-Vorschlags, auf den Bezug genommen wurde, heißt es:

In der europäischen Datenstrategie wurde die Schaffung bereichsspezifischer gemeinsamer europäischer Datenräume vorgeschlagen. Der europäische Raum für Gesundheitsdaten (European Health Data Space, im Folgenden „EHDS") ist der erste Vorschlag für einen solchen bereichsspezifischen gemeinsamen europäischen Datenraum. [...] Mit dem EHDS wird ein gemeinsamer Raum geschaffen, in dem natürliche Personen ihre elektronischen Gesundheitsdaten leicht kontrollieren können. Außerdem wird es Akteuren aus Forschung und Innovation sowie politischen Entscheidungsträgern ermöglicht, diese elektronischen Gesundheitsdaten auf vertrauenswürdige und sichere Weise unter Wahrung der Privatsphäre zu nutzen. [42]

---

41 *https://www.parlament.gv.at/gegenstand/XXVII/I/2059*

42 *https://www.parlament.gv.at/gegenstand/XXVII/EU/102291*

Diagnosecode Z28 oder die Registrierung ungeimpfter Personen

Im Zusammenhang mit der Vorbereitung zur Weiterleitung von Gesundheitsdaten an den EHDS und dem Zugriff auf digitale Gesundheitsdaten im EHDS durch politische Entscheidungsträger soll auf die Existenz des Internationalen Diagnosecodes – ICD Z28 der WHO hingewiesen werden.[43] Mit dem Internationalen Diagnosecode Z28 wird eine NICHT durchgeführte Impfung dokumentiert. Was die NICHT-Impfung gegen COVID-19 betrifft, werden folgende ICD-Codes vergeben: Z28.310: Ungeimpft gegen COVID-19, Z28.311: Teilweise geimpft gegen COVID-19, Z28.39: Sonstiger Unter-Immunisierungsstatus.[44]

Internationale Diagnosecodes werden – auch in Österreich – vom behandelnden Arzt in ein Computersystem eingegeben, auf das extern zugegriffen werden kann. Die Daten zum Impfstatus von Personen können in Zukunft daher auch an den EHDS weitergegeben werden. Damit könnte auch ein EU-weites Register über Personen angelegt werden, die eine Impfung

---

43 *https://www.dimdi.de/static/de/klassifikationen/icd/icd-10-who/kode-suche/htmlamtl2019/block-z20-z29.htm*

44 *https://www.aafp.org/pubs/fpm/blogs/gettingpaid/entry/covid_immunization_codes.html*

ablehnen. Dies wäre eine äußerst bedenkliche Entwicklung. Mit einem im EHDS digital erfassten Impfstatus von Personen wäre die Sanktionierung der Ablehnung einer durch die WHO oder Regierung „empfohlenen“ Impfung denkbar und sehr einfach durchführbar. Viele werden sich in diesem Zusammenhang noch lebhaft an die Aussagen mancher Regierungsmitglieder, Politiker und Rechtsexperten erinnern, die die Verweigerung der angekündigten COVID-19-Impfpflicht mit Jobverlust, hohen Geldstrafen, Haft oder Landesverweis sanktionieren wollten.

Die Entscheidung zur Verabreichung eines Impfstoffes sollte jedoch auf alle Fälle eine rein private Entscheidung bleiben, denn bis zum 11. August 2023 wurden, laut VAERS-Datenbank der CDC (USA) zur Meldung von unerwünschten Nebenwirkungen von Impfstoffen, in Summe 35.911 Todesfälle in zeitlicher Nähe zur Impfung gegen COVID-19 gemeldet.[45] In den USA werden laut einer Studie von Harvard Pilgrim Health Care, Inc. jedoch nur etwa ein Prozent der unerwünschten Nebenwirkungen von Impfstoffen gemeldet.[46] Wie hoch ist demnach die tatsächliche Anzahl der Personen, die in zeitlicher Nähe zur Verabreichung eines COVID-19-Impfstoffs verstorben sind? Die Entscheidung zur Verabreichung eines Impfstoffes kann daher nur von jedem Einzelnen selbst getroffen werden!

Die Globale Gesundheitsstrategie der EU

Der Europäische Raum für Gesundheitsdaten (EHDS) soll Teil der Globalen Gesundheitsstrategie der EU (EU Global Health Strategy) werden.

---

45 *https://medalerts.org/vaersdb/findfield.php?TABLE=ON&GROUP1=AGE&EVENTS=ON&VAX[]=COVID19&VAX[]=COVID19-2&VAXTYPES=COVID-19&DIED=Yes*

46 *https://digital.ahrq.gov/sites/default/files/docs/publication/r18hs017045-lazarus-final-report-2011.pdf*

Ich zitiere aus der Information über diese EU-Strategie zur Nutzung von digitalen Gesundheitsdaten. Die EU *„wird das Potenzial von Gesundheitsdaten weltweit im Einklang mit den Grundsätzen des geplanten Europäischen Gesundheitsdatenraumes nutzen."*[47] Bedeutet: Unsere digitalen Gesundheitsdaten werden an die EU weitergeleitet und die EU gibt sie an die WHO bzw. weltweit weiter.

Was unter der „Global Health Strategy" (Globale Gesundheitsstrategie der EU) zu verstehen ist, habe ich folgendermaßen zusammengefasst – diese Tafel wurde bereits von mir im Parlament verwendet:

EU Global Health Strategy

Aufbauend auf der Vorreiterrolle der EU bei der Regulierung von Gesundheitsdaten, digitalen Zertifikaten, der Nutzung der Cloud für den Datenaustausch, ...

Die EU wird das Potenzial von Gesundheitsdaten weltweit im Einklang mit den Grundsätzen des geplanten Europäischen Gesundheitsdatenraums nutzen und den Einsatz neuer Technologien, einschließlich künstlicher Intelligenz, fördern, um deren Potenzial zur Verbesserung von Diagnose und Behandlung weltweit zu steigern.

Quelle: GLOBAL HEALTH HUB

Gleich unterhalb ein paar Informationen aus dem EU-Dokument EU Global Health Strategy.[48] Der Gesamtinhalt des Dokuments kann auf der EU-Website in englischer Sprache

47 *https://health.ec.europa.eu/publications/eu-global-health-strategy-better-health-all-changing-world_en*

48 *https://health.ec.europa.eu/publications/eu-global-health-strategy_en*

nachgelesen werden. Ich möchte nur einige entscheidende Stellen aus diesem Dokument zitieren:

- *Die globale Gesundheit ist mehr denn je von der dreifachen globalen Krise des Klimawandels, der biologischen Vielfalt und der Umweltverschmutzung betroffen, wobei die am meisten gefährdeten Länder und Menschen besonders stark belastet werden. Gleichzeitig haben sich neue Möglichkeiten in Bereichen wie Forschung oder Digitalisierung ergeben. Eine solide globale Gesundheitsstrategie („Die Strategie") ist erforderlich, um weltweit eine neue, kohärente, wirksame und zielgerichtete Politik zu entwickeln.*

- *Zusammenarbeit: Die EU hat ihre Zusammenarbeit intensiviert, beispielsweise durch die Einrichtung der weltweit bahnbrechenden Lösung der digitalen EU-COVID-Zertifikate (EUDCC).*

- *Wachsende Herausforderungen wie Antibiotikaresistenzen und psychische Gesundheit, sich entwickelnde Herausforderungen der Gesundheits- und Pflegesysteme wie Ungleichgewichte bei den Arbeitskräften und Ressourcenknappheit müssen neben der Maximierung neuer Chancen für die Gesundheit, die sich durch leistungsstarke Befähiger wie Forschung und Digitalisierung einschließlich des Einsatzes künstlicher Intelligenz bieten, vorrangig behandelt werden.*

- *Die EU hat eine Vorreiterrolle bei der Regulierung von Gesundheitsdaten, digitalen Zertifikaten, der Nutzung der Cloud für den Datenaustausch, dem Datenschutz und dem Schutz der Privatsphäre.*

- *Die EU wird das Potenzial von Gesundheitsdaten weltweit im Einklang mit den Grundsätzen des geplanten Europäischen Gesundheitsdatenraums nutzen und den Einsatz neuer Technologien, einschließlich künstlicher Intelligenz, fördern, um deren Potenzial zur Verbesserung von Diagnose und Behandlung weltweit zu steigern.*

- *Die EU leistet einen Beitrag zur weltweiten Gestaltung des digitalen Gesundheitsökosystems (Regeln, Normen, Standards, Interoperabilität) unter Verwendung europäischer Beispiele und bewährter Verfahren wie dem EU-Zertifikat „Digital Covid". Sie unterstützt internationale Regeln, die mit dem EU-Rahmen kompatibel sind und gleichzeitig die Verwaltung und den Schutz von Gesundheitsdaten erleichtern, die den Menschen in den Mittelpunkt stellen.*

Im EU-Dokument zur EU Global Health Strategy sind insgesamt 20 Leitprinzipien angeführt. Insbesondere ist mir das Leitprinzip 10 aufgefallen:

Leitprinzip 10: Globale digitale Überwachung

Angestrebt wird der Aufbau eines robusten globalen kooperativen Überwachungsnetzes zur besseren Erkennung und Bekämpfung von Krankheitserregern. Die Strategie unterstützt die Schaffung eines neuen zuverlässigen Netzes, das Krankheitserreger in den wichtigsten Hotspots überwacht und erkennt und nicht nur Bedrohungen identifiziert, sondern auch Empfehlungen für Maßnahmen ausspricht. Diese Arbeit würde von den EU-Delegationen vor Ort unterstützt und durch die G7-Initiative an bestehende Netze geknüpft. Es wird die Digitalisierung und Integration von Überwachungssystemen für Mensch, Tier und Umwelt, den Ausbau von Laborkapazitäten und Genomsequenzierungskapazitäten sowie die Schulung von Arbeitskräften beinhalten.

EU Global Health Strategy

LEITPRINZIP 10.

Dazu gehören die Digitalisierung und Integration von Überwachungssystemen für Mensch, Tier und Umwelt, der Ausbau von Laborkapazitäten und Genomsequenzierungskapazitäten, sowie die Schulung von Arbeitskräften.

Quelle: GLOBAL HEALTH HUB

Private Geldgeber kaufen sich in öffentliche Gremien ein

Auch dieses Prinzip sollte unbedingt aus demokratiepolitischer Sicht hinterfragt werden. Die Beteiligung der Bürger und der Öffentlichkeit ist als Beitrag zum Erhalt der demokratischen Werte immer zu begrüßen, denn welche Akteure in ein Vorhaben der EU oder der WHO miteingebunden werden, sollte auch immer demokratisch entschieden werden. Philanthropische Organisationen, Stiftungen und andere private Akteure sollten sich nicht in ein Gremium wie die WHO oder die EU einkaufen können. Aber die Gesundheitsstrategie der EU sieht genau das explizit vor. Bitte urteilen Sie selbst (Auszüge aus dem Leitprinzip 18: EU Global Health Strategy – Rolle des Privatsektors):

> ***Stärkung der Zusammenarbeit mit den wichtigsten Akteuren im Bereich der globalen Gesundheit***
> *Einige globale Organisationen der Zivilgesellschaft, philanthropische Organisationen, globale Gesundheitsinitiativen (wie der Globale Fonds, Gavi, CEPI u. a.), andere UN-Or-*

ganisationen (einschließlich UNFPA, UNICEF, UNAIDS), multilaterale Entwicklungsbanken und private Akteure verfügen über ein größeres Finanzierungsvolumen als viele Geberländer allein aufbringen. Die Zusammenarbeit mit diesen Akteuren ist von entscheidender Bedeutung, um die Koordinierung und Komplementarität der Bemühungen zu gewährleisten. Die Zusammenarbeit mit allen Arten von Organisationen der Zivilgesellschaft (einschließlich Jugendorganisationen), Patientenorganisationen, Sozialpartnern, Parlamenten und Gemeinschaften im weiteren Sinne ist von grundlegender Bedeutung, damit die EU ihre Unterstützung für Solidarität und Demokratie sowie ihren Schwerpunkt auf offener und transparenter Regierungsführung und Menschenrechten zum Ausdruck bringen kann. Ebenso wichtig ist die Zusammenarbeit mit den Gemeinschaften und die Lokalisierung, die die Wirksamkeit der Maßnahmen unterstützen kann. Schließlich ist die Rolle des Privatsektors von zentraler Bedeutung, insbesondere in der Pharma-, Biotech- oder Medizintechnikbranche und bei digitalen Lösungen, um die Selbstversorgung zu verbessern.

Allein schon die sprachlichen Formulierungen dieser Strategietexte zeigen, dass es den entsprechenden EU-Akteuren anscheinend gerade eben nicht darum geht, allzu transparent und verständlich vorzugehen. Und dies, obwohl die EU angeblich „ihre Unterstützung für Solidarität und Demokratie“ zum Ausdruck bringen möchte. Patientenorganisationen werden noch dazu auf eine Ebene mit den nationalen, demokratisch gewählten Parlamenten gestellt. Diese Aussagen kommen „von oben herab“ und deuten auf den Top-down-Ansatz der EU hin.

Quelle: https://health.ec.europa.eu/system/files/2023-10/international_ghs-report-2022_en.pdf

Die EU und der „One-Health-Ansatz"

Die Europäische Kommission bewirbt, wie die WHO, den One-Health-Ansatz und kündigt an, diesen anzuwenden. (Der One-Health-Ansatz wird im Kapitel über den Internationalen Pandemievertrag der WHO und die Änderungsvorschläge zu den Internationalen Gesundheitsvorschriften ausführlich beschrieben.) Die geplante Umsetzung des One-Health-Ansatzes geht nicht nur aus Veröffentlichungen der WHO, sondern auch aus dem EU-Dokument EU Global Health Strategy hervor:

> *Ein Quantensprung in der Gesundheitssicherheit wird mit einem dauerhaften Mechanismus erreicht, der die Gerechtigkeit bei der Entwicklung von und den Zugang zu Instrumenten wie Impfstoffen, einem globalen Überwachungsnetz, das die One-Health-Grundsätze vollständig verkörpert, und robusten internationalen Regeln, einschließlich verstärkter Maßnahmen zur Bekämpfung der Antibiotikaresistenz, verbessert.*

Auch im Leitprinzip 10 der Globalen Gesundheitsstrategie der EU (EU Global Health Strategy) wird indirekt auf den One-Health-Ansatz hingewiesen: *„Dazu gehören die Digitalisierung und Integration von [...] Überwachungssystemen für Mensch, Tier und Umwelt"*. Mit der EU Global Health Strategy soll, laut Vorhaben der EU, die globale, kooperative, digitale Überwachung von Menschen, Tieren und Umwelt ermöglicht werden. Die so gesammelten Daten sollen nämlich laut Planung auch an die Weltgesundheitsorganisation (WHO) weitergegeben werden.

Die Umsetzung des One-Health-Ansatzes ist sehr bedenklich, da dieser die Möglichkeit eröffnet, auf verschiedenste Daten zuzugreifen und aus diesen Daten Maßnahmen abzuleiten, die Eingriffe in mehr oder weniger alle Bereiche des Lebens zur Folge haben können. Dieser Ansatz ist auch Teil des Pandemievertrages. Laut WHO kann nämlich fast jeder Lebensbereich Auswirkungen auf die Umwelt und damit auch auf die Gesundheit haben, ganz egal, ob es sich dabei um Nahrung/Landwirtschaft, Immobilien/Wohnen, um den Bewegungsfreiraum allgemein, den Straßen- und Luftverkehr (betrifft z. B. Pendler, Reisen, Transport) oder auch um die Freizeitgestaltung handelt. Laut WHO ist beispielsweise der Klimawandel die Triebkraft von Pandemien.

Globales Regieren - Austausch von Gesundheitsdaten zwischen EU und WHO

„Im Juni 2023 hat die WHO angekündigt, das System der digitalen COVID-19-Zertifizierung (z. B. Impfstatus) der Europäischen Union (EU) zu übernehmen, um ein globales System mit Bezug auf globale Mobilität einzurichten." [49] Die Zusam-

49 *https://www.who.int/news/item/05-06-2023-the-european-commission-and-who-launch-landmark-digital-health-initiative-to-strengthen-global-health-security*

World Health Organization Gesundheitsthemen Länder Nachrichtenredaktion Notfälle

Die Europäische Kommission und die WHO starten eine bahnbrechende digitale Gesundheitsinitiative zur Stärkung der globalen Gesundheitssicherheit

5. Juni 2023 | Pressemitteilung | Genf/Brüssel | Lesezeit: 3 Min. (815 Wörter)

Quelle:
https://www.who.int/news

menarbeit zwischen der EU Global Health Strategy und der „WHO Global Strategy" hinsichtlich digitaler Gesundheitsdaten war bereits vorab geplant gewesen. Die EU-Kommissarinnen Stella Kyriakides (DG SANTE, Generaldirektion Gesundheit und Lebensmittelsicherheit) und Jutta Urpilainen (DG INTPA, Generaldirektion Internationale Partnerschaften) haben zusammen mit anderen Akteuren die EU Global Health Strategy im Mai 2022 in einer **Rekordzeit von sechs Monaten** entwickelt.[50]

Am 30. November 2022 gaben sie bei der Veranstaltung zum Start der Globalen Gesundheitsstrategie der EU bekannt: „Die Eröffnung des Launch-Events der EU KOM (Europäischen Kommission) mit dem WHO-Generaldirektor Dr. Tedros stand im Zeichen der EU-Unterstützung für Multilateralismus im Gesundheitsbereich mit der WHO im Zentrum. Dies wurde durch die EU-Finanzierungszusage i. H. v. 125 Mio. EUR

50 *Die neue globale Gesundheitsstrategie der EU: Bessere Gesundheit für Alle in einer Welt im Wandel (globalhealthhub.de)*

für die allgemeine Gesundheitsversorgung untermauert." [51] Mitbeteiligt an der Veranstaltung war auch die EU-Kommissarin Stella Kyriakides, die sich laut Medienberichten wegen ihres Ehemannes in einem „Korruptionsstrudel" [52] befindet.

„Global Governance" benötigt einen internationalen Rahmen von Gesetzen, Regeln und Institutionen, um globale Entscheidungen zu treffen. Global Governance ist demokratiepolitisch kritisch zu hinterfragen, weil zentralistisch vorgegangen wird, Stichwort „Führungsrolle". In der Globalen Gesundheitsstrategie der EU (siehe auch oben) ist jedoch unter Punkt 2 „Engagement im Rahmen der ‚Global Governance'" festgehalten: „Die EU setzt sich für eine Führungsrolle der WHO ein, für die eine nachhaltige Finanzierung unabdingbar ist. Angestrebt wird ein formeller Beobachterstatus der EU in der WHO bis hin zu einer vollständigen Mitgliedschaft." [53]

Dazu passt perfekt der Antrag aus dem Deutschen Bundestag, welcher eine Aufstockung der finanziellen Mittel für die WHO fordert und der von der Mehrheit der Abgeordneten befürwortet wurde. [54]

Autofahrer vollständig überwacht

Nicht nur Gesundheitsdaten werden bereits eifrig erfasst und gesammelt. Jeder Autofahrer, der nunmehr sein Auto in einer Werkstatt überprüfen lässt, gibt auch Daten zu seinem Fahrzeug bekannt. Die EU sammelt nämlich sämtliche verfügbaren

---

51 *https://globalhealthhub.de/de/news/detail/die-neue-globale-gesundheitsstrategie-der-eu-bessere-gesundheit-fuer-alle-in-einer-welt-im-wandel*

52 *https://exxpress.at/eu-kommissarin-im-korruptionsstrudel/*

53 *https://globalhealthhub.de/de/news/detail/die-neue-globale-gesundheitsstrategie-der-eu-bessere-gesundheit-fuer-alle-in-einer-welt-im-wandel*

54 *Deutscher Bundestag - Bundestag fordert Reform der Weltgesundheitsorganisation*

Daten über den Treibstoff- und Stromverbrauch, den Kilometerstand, etc. und übermittelt diese personalisiert (also einem Fahrzeugbesitzer zugeordnet) an die Europäische Umweltagentur der EU. Was nach Umweltschutz klingt, ist eine unangemessene Überwachung. So werden genaue Daten über die Fahrgewohnheiten mit der sogenannten Fahrzeugidentifizierungsnummer (FIN) weitergegeben. Damit wurde der gläserne Autofahrer geschaffen und diese Daten sind zugleich eine Goldgrube für viele Unternehmen.

> *Der deutsche Automobilclub ADAC untersuchte, welche Daten ein modernes Auto heute sammelt – am Beispiel einer Mercedes B-Klasse: Etwa alle zwei Minuten werden die GPS-Position des Fahrzeugs sowie Statusdaten an das Mercedes-Backend übertragen (Kilometerstand, Verbrauch etc.). Die Zahl der elektromotorischen Gurtstraffungen wird gespeichert (erlaubt Rückschlüsse auf den Fahrstil). Fehlerspeicher-Einträge werden teilweise mit Informationen über zu hohe Motordrehzahl abgelegt (Rückschlüsse auf Fahrstil). Gefahrene Kilometer auf Autobahnen, Landstraßen und in der Stadt werden getrennt gespeichert (Nutzungsprofil).* [55]

Alle diese Daten werden erfasst und gesammelt und die EU, konkret die Europäische Umweltagentur, erhält diese zu ihrer Verfügung. Das wurde mit 20. Mai 2023 anhand der EU-Verordnung 2021/392 vorgeschrieben. Die Öffentlichkeit wurde jedoch nicht ausreichend darüber informiert.

Der gläserne Mensch wird Realität – weltweit

Die weltweiten Digitalisierungsbestrebungen kommen von ganz oben und werden auf allen Ebenen gleichzeitig umgesetzt. Wie bereits festgestellt, nutzte man die Corona-Krise,

55 *https://www.kleinezeitung.at/auto/5973255/Glaeserne-Autofahrer_Wie-das-Auto-als-Datenlabor-uns-analysiert*

um mit der Digitalisierung einen großen Schritt voranzukommen. Offensichtliche Schritte in diese Richtung brachte auch das G20-Treffen unter Beteiligung von Klaus Schwab (WEF) auf Bali vom 15. bis 16. November 2022. [56] Auf diesem G20-Treffen wurde die Bedeutung „gemeinsamer technischer Standards zur Erleichterung des nahtlosen internationalen Reiseverkehrs, der Interoperabilität und digitaler und nicht-digitaler Lösungen anerkannt". [57] Die WHO hat daraufhin nur wenig später, im Juni 2023, angekündigt, das System der digitalen COVID-19-Zertifizierung der EU, z. B. den Impfstatus, zu übernehmen, um ein globales System für globale Mobilität zu etablieren.

Die BRICS-Staaten schließen sich den Nachhaltigkeitszielen an

Die BRICS-Staaten – die Abkürzung „BRICS" steht für die Anfangsbuchstaben der fünf zugehörigen Staaten Brasilien, Russland, Indien, China und Südafrika [58] – haben vom 26. bis 27. April 2022 ein „Forum zu Big Data" für nachhaltige Entwicklung abgehalten, mit dem Bestreben, die Nachhaltigkeitsziele der Agenda 2030 der Vereinten Nationen zu stärken und umzusetzen. Auf einer Webseite beschreiben die Veranstalter die Inhalte des Forums:

> *Wissenschaft, Technologie und Innovation (Science, technology and innovation - STI) sind wichtige treibende Kräfte, um die SDGs (Sustainable Development Goals) zu erreichen und globale Herausforderungen und Entwicklung zu bewäl-*

---

56 *https://setkab.go.id/en/president-biden-other-leaders-arrive-in-bali-for-g20-summit/*

57 *https://web.kominfo.go.id/sites/default/files/G20%20Bali%20Leaders%27%20Declaration%2C%2015-16%20November%202022%2C%20incl%20Annex.pdf*

58 *https://de.wikipedia.org/wiki/BRICS-Staaten*

tigen.[59] *Die Nutzung von Big-Data-Forschung bietet immer mehr Möglichkeiten, die Weiterentwicklung von STI voranzutreiben.*
Die BRICS-Staaten teilen den starken Wunsch und das Engagement für eine engere Zusammenarbeit, um über die Jahre hinweg eine gemeinsame nachhaltige Entwicklung sicherzustellen. Das BRICS-Rahmenwerk bietet eine wirksame Plattform zur Stärkung des gegenseitigen Vertrauens sowie zur Entwicklung von Kommunikation und Zusammenarbeit.[60]

THE GLOBAL FUND

Data Science Catalytic Fund
Stronger data for better community health

With the support of a US$15 million grant from The Rockefeller Foundation and an additional US$10 million committed by the Global Fund, the Data Science Catalytic Fund (DSCF) aims to improve the collection and use of community health data in Rwanda, Uganda, Ethiopia and Burkina Faso.

Quelle: https://www.theglobalfund.org/media/11850/pse_2022-data-science-catalytic-fund_report_en.pdf

Auch in anderen Teilen der Welt schreitet die Digitalisierung mit Riesenschritten voran. Hier ein Beispiel aus Afrika:

Die Rockefeller Foundation investiert zusammen mit dem Fonds „The Global Fund" in ein Projekt in Afrika mit dem Ziel, die Einführung digitaler Gesundheitsdaten und Über-

59 *https://unric.org/de/17ziele/*
60 *https://bricsbd4sd.en.cbas.ac.cn/#about*

wachungssysteme auszuarbeiten, um Epidemien und andere Gesundheitsgefahren zu erkennen und diesen entgegenzuwirken. Auch in diesem Fall wurde das Corona-Virus als Grund für diese Maßnahme angegeben.[61]

---

61 *https://www.theglobalfund.org/media/11850/pse_2022-data-science-catalytic-fund_report_en.pdf*

Die katastrophale Covid-Politik und ihre Folgen

Gezieltes Schüren von Angst und Panik

Stress – eine der größten Gesundheitsgefahren

Das Erzeugen von Angst gehört – leider – zu den Taktiken der Politik. Techniken zum Erzeugen von gesellschaftlicher Angst sind Teil des Handwerkszeugs der Macht und ein klassisches Herrschaftsinstrument. Diese Einsicht ist so alt wie die Zivilisationsgeschichte.[62]

Während der COVID-19-Pandemie versuchte man die ganze Zeit, Angst und Panik zu erzeugen. Die westlichen Demokratien sind weitestgehend in Richtung Autoritarismus und Totalitarismus abgebogen.[63] Ab März 2020 herrschte eine panische Risiko-Kommunikation vor,[64] wodurch ein „Durchregieren" möglich wurde.[65] Mit Angst und Diskriminierung arbeitete man beispielsweise daran, die Impfquote zu erhöhen.[66] Der Ausnahmezustand wurde schließlich zur „neuen Normalität".[67]

---

62 *https://www.thalia.at/shop/home/artikeldetails/A1055362683*

63 *https://www.welt.de/politik/plus242456881/Ethikrat-und-Corona-Politik-Im-Grunde-hat-man-versucht-Angst-und-Panik-zu-erzeugen.html*

64 *https://www.berliner-zeitung.de/open-mind/corona-debatte-pandemie-aufarbeitung-auch-angela-merkels-hat-2020-zur-panik-beigetragen-li.322421*

65 *https://www.nzz.ch/meinung/der-andere-blick/corona-im-naechsten-winter-darf-nicht-die-unfreiheit-zurueckkehren-ld.1689872?reduced=true*

66 *https://www.20min.ch/story/verhaltensoekonom-schlaegt-vor-ungeimpfte-zu-diskriminieren-321850771800*

67 *https://exxpress.at/untergangsprophet-lauterbach-warnt-ausnahmezustand-wird-neue-normalitaet/*

Dass die drakonischen Corona-Maßnahmen unvernünftig, kontraproduktiv und freiheitsfeindlich sowie für die Gesundheit der Bevölkerung alles andere als zuträglich waren, zeigte sich schon bald. Denn Angst macht krank.[68] Die Weltgesundheitsorganisation WHO bezeichnet chronischen Stress als eine der größten Gesundheitsgefahren des 21. Jahrhunderts. Chronischer Stress schwächt die Immunabwehr.[69] Gerade in Zeiten einer grassierenden Infektionskrankheit und des Zusammenbrechens der Gesundheitssysteme wirkt sich weit verbreitete Angst natürlich negativ aus, aber das wurde seitens der Regierungen in Kauf genommen. Die Gesellschaft befindet sich seitdem in einem „Quasi-Burnout" – eine fatale Konsequenz der geschürten Angst und der rücksichtslos durchgeboxten Corona-Maßnahmen.[70]

Die Gefährlichkeit von COVID-19 wurde übertrieben – mit fatalen Folgen

Um es gleich vorweg in aller Klarheit zu sagen: Eine Infektion mit dem SARS-CoV-2-Virus kann Krankheitssymptome verursachen und tödlich sein.

Erinnern Sie sich noch? Der frühere österreichische Bundeskanzler Kurz behauptete im März 2020, dass „bald jeder von uns jemanden kennen wird, der an Corona gestorben ist".[71] COVID-19 wurde von Politik und Medien als „viel gefährlicher eingestuft als die Grippe".[72] Und noch 2021 wurde be-

---

68 *https://www.geo.de/wissen/gesundheit/4006-rtkl-generation-angst-warum-angst-gerade-heute-so-viele-menschen-krank-macht*

69 *https://www.planet-wissen.de/video-krankheit-und-stress-100.html*

70 *https://www.furche.at/gesellschaft/hartmut-rosa-wir-verlieren-durch-corona-soziale-energie-3519128*

71 *https://www.kleinezeitung.at/politik/innenpolitik/5793215/Bundeskanzler-Sebastian-Kurz_Bald-wird-jeder-von-uns-jemanden*

72 *https://www.rbb24.de/panorama/thema/2020/coronavirus/beitraege/behauptungen-geruechte-fragen-argumente.html*

hauptet, dass COVID-19 ansteckender ist und deutlich häufiger zum Tod führt als die Grippe.[73]

„Die Grippe ist gefährlicher als Corona“

Quelle: https://www.profil.at/oesterreich/umstrittener-infektiologe-die-grippe-ist-gefaehrlicher-als-corona/402248583

Schon 2020 ergab sich, dass die Infektionssterblichkeit je nach Land variierte, aber in den meisten Ländern bei durchschnittlich 0,27 bis 0,1 % lag.[74] Und nachdem man in Dänemark 2020 Blutspender auf Coronavirus-Antikörper getestet hatte, wurde die Todesrate für COVID-19 mit nur 0,16 % berechnet.[75]

---

73 *https://www.br.de/nachrichten/wissen/warum-covid-19-gefaehrlicher-ist-als-grippe-ein-faktenfuchs,SYWR1Ye*

74 *https://www.ncbi.nlm.nih.gov/pmc/articles/PMC7947934/pdf/BLT.20.265892.pdf/*

75 *https://www.dr.dk/nyheder/indland/doedelighed-skal-formentlig-taelles-i-promiller-danske-blodproever-kaster-nyt-lys*

Die veröffentlichten Sterblichkeitszahlen bei diversen Virusinfektionen können je nach Publikation teilweise stark variieren. In einer systematischen Übersichtsarbeit lag die durchschnittliche Grippe-Sterblichkeit bei etwa 0,7 %.[76] Bereits 2020 war also klar, dass COVID-19 – entgegen all der Propaganda – nicht gefährlicher war als die Grippe.

Die Sterblichkeit war bei der Omikron-Variante, je nach Studie, noch einmal um bis zu 91 % geringer.[77] Der frühere Chef der „Österreichischen Gesundheitsbehörde" (AGES), Prof. Dr. Franz Allerberger, brachte es auf den Punkt: „Die Grippe ist gefährlicher als Corona."[78]

Eine Studie aus den USA zeigte, dass nur 13 bis 18 % aller Infizierten überhaupt Symptome entwickeln.[79] Und die „Royal Society" berechnete, dass etwa 6,2-mal so viele Menschen infiziert waren als in den offiziellen Zahlen der Regierungen und der WHO festgestellt worden war.[80] Das bedeutet, dass vermutlich fast alle Menschen die Infektion längst durchgemacht haben, ohne es überhaupt bemerkt zu haben. Die offiziell veröffentlichten Infektionszahlen sind unvollständig und viel zu niedrig.

Bei den Altersgruppen bis 45 Jahre ist das Sterberisiko praktisch Null.[81] Drei Viertel der COVID-19-Toten sind älter als 75 Jahre, das Durchschnittsalter der Verstorbenen liegt bei 81 Jahren und damit deutlich über der Lebenserwartung für Männer. COVID-19 ist, überspitzt formuliert, eine Krank-

76 *https://pubmed.ncbi.nlm.nih.gov/24046301/*

77 *https://www.br.de/nachrichten/wissen/corona-und-grippe-aehnlich-gefaehrlich-aber-nicht-gleich,T2hbIHk*

78 *https://www.profil.at/oesterreich/umstrittener-infektiologe-die-grippe-ist-gefaehrlicher-als-corona/402248583*

79 *https://www.pnas.org/content/pnas/118/9/e2019716118.full.pdf*

80 *https://royalsocietypublishing.org/doi/10.1098/rsos.200909*

81 *https://covid19-dashboard.ages.at/dashboard_Tod.html*

heit, an der ganz überwiegend alte, kranke Männer sterben, ähnlich wie bei der Grippe.[82]

Altersgruppe	männlich	weiblich
<5	0,0	0,0
5–14	0,0	0,0
15–24	0,0	0,0
25–34	0,0	0,0
35–44	0,0	0,0
45–54	0,1	0,0
55–64	0,3	0,1
65–74	1,4	0,7
75–84	4,6	2,8
>84	13,6	10,0

Anzahl Todesfälle pro 100 Erkrankungsfällen nach Altersgruppe und Geschlecht
Österreich

Quelle: https://covid19-dashboard.ages.at/dashboard_Tod.html

Das SARS-CoV-2-Virus war nie das massenmordende Killervirus, als das es lange Zeit hingestellt wurde.[83] Aber kein Regierungspolitiker, kein „Experte“ und kein Mainstream-Medium gab Entwarnung. Im Gegenteil: Die Panikmache ging munter weiter. Noch im August 2022 behauptete der Präsident der Österreichischen Gesellschaft für Infektionskrankheiten und Tropenmedizin (ÖGIT), im Übrigen auch Mitglied des Beraterstabes der Coronavirus-Taskforce der Österreichischen Bundesregierung, allen Ernstes: „Wer sich

82 *https://www.derstandard.at/story/2000134421848/was-die-corona-toten-ueber-die-politik-verraten*

83 *https://pubmed.ncbi.nlm.nih.gov/36341800/*

nicht (gegen Covid-19, Anm.) impfen lässt, wird auf der Intensivstation enden und über die Pathologie nach Hause gehen." Angesichts einer Infektions-Sterblichkeit von unter 0,1 % und der schon damals längst bekannten „Folgen" der Impfungen (kein sicherer Schutz vor Infektion, Übertragung und vor schweren Krankheitsverläufen und Tod) ist dies eine unfassbare Aussage.[84] Was man wissen muss: Dieser „Experte" ist ein Musterbeispiel für Interessenskonflikte diverser „Berater", da er nachweislich finanzielle Verbindungen zu den COVID-19-Impfstoffherstellern AstraZeneca, Johnson & Johnson und Pfizer hatte. Viele „COVID-19-Impfexperten" sind Teil eines „Netzes der Pharma-Industrie".[85]

Laut Prof. Dr. Franz Allerberger war der größte Fehler in der Pandemie die Falldefinition der WHO.[86] Laut dieser Definition wurde jeder, der einen positiven PCR-Test hatte, als SARS-CoV-2-Fall gezählt, unabhängig davon, ob Krankheitssymptome vorhanden waren oder nicht. Das war eine völlig neue und zugleich völlig unsinnige Falldefinition. Die bisherige medizinische Normalität wurde so ausgehebelt. Entscheidend wäre stattdessen die Anzahl der Erkrankten gewesen, vor allem die Anzahl der intensivpflege-pflichtigen Kranken, nicht aber die Anzahl positiver PCR-Testergebnisse.

Auf diese Weise wurde die „Krankheit" – und damit die gesamte Pandemie an sich – massiv übertrieben, denn die meisten positiv Getesteten waren nie krank. Die Zahlen der offiziell an COVID-19-Verstorbenen stimmen nicht, weil wegen dieser unsinnigen Falldefinition viele COVID-19-Tote nicht *an*, sondern *mit* COVID-19 gestorben sind. Professor Dr.

84 *https://kurier.at/wissen/gesundheit/infektiologe-wer-sich-nicht-impfen-laesst-wird-auf-intensivstation-enden/402118161*

85 *https://www.news.at/a/netz-pharma-industrie-12373790*

86 *https://www.infosperber.ch/gesundheit/die-who-koennte-jaehrlich-eine-pandemie-ausrufen-1/*

Bertram Häussler, der Leiter des „IGES-Instituts“ in Berlin, erklärte bereits 2021 in einem Interview in der Zeitung „Die Welt“, dass die Sterbestatistik zunehmend verzerrt wird und Corona bei 80 % der COVID-19-Toten nicht deren Todesursache ist. [87]

Alle Maßnahmen der Regierungen in Europa (Lockdowns, Masken, Tests, Impfpflichten, etc.) wurden mit der besonderen Gefährlichkeit von COVID-19 begründet. Die Sterblichkeitsrate bei COVID-19 war jedoch von allem Anfang an ungefähr die gleiche oder sogar geringer als bei der Grippe. Die verantwortliche Regierungspolitik hatte aber bei den vorhergehenden Grippe-Pandemien nie solch drastische Maßnahmen eingeführt. Das lässt einen einfachen Schluss zu: Entweder wurde die Grippe über 100 Jahre bagatellisiert und verharmlost – oder aber COVID-19 maßlos übertrieben. [88] Inflation, massive Schäden für die Wirtschaft, überbordende Staatsschulden, Firmenpleiten, aufgehobene Grundrechte, Bildungsausfälle, Impfpflichten, desolate Gesundheitssysteme, massive psychische Probleme, eine gespaltene und zutiefst verunsicherte Gesellschaft – all das und mehr sind Folgen der verfehlten Corona-Politik. Das liegt nicht an COVID-19. Das liegt an den drakonischen und völlig übertriebenen Maßnahmen, die die Regierungen mit aller Macht und mit Gewalt durchsetzten.

Lockdowns – Schäden übersteigen Nutzen bei weitem

Zu Beginn der Pandemie im März 2020 meinte die deutsche Bundeskanzlerin Angela Merkel in einer Fernsehansprache, dass „die Normalität auf die Probe gestellt wird“ und dass der

87 *https://www.welt.de/politik/deutschland/plus233426581/Seit-Juli-2021-Corona-bei-80-Prozent-der-offiziellen-Covid-Toten-wohl-nicht-Todesursache.html*

88 *https://www.vienna.at/protokoll-zeigt-regierung-wollte-angst-vor-coronavirus-verbreiten/6600360*

Lockdown notwendig sei und „das öffentliche Leben heruntergefahren" werde, um „alle zu schützen". [89]

Der frühere österreichische Kanzler Kurz erklärte zu Beginn der Pandemie den „Notbetrieb für Österreich", den ersten Lockdown. [90] Er ergänzte, dass die Lage – bei damals 49 COVID-19-Toten! – ernst sei und kündigte eine „Phase der neuen Normalität" an. [91] Der Begriff „neue Normalität" ist übrigens auch wortwörtlich im 2020 herausgegebenen Buch „The Great Reset" von Klaus Schwab zu finden. Mit entwaffnender Offenheit stellte der Chef des globalistischen „World Economic Forum" (WEF) fest, dass diese „neue Normalität" sich „radikal von derjenigen unterscheidet, die wir hinter uns lassen werden". Mit anderen Worten: Die Welt wird laut Klaus Schwab nie mehr so (normal) sein wie bisher. Sie soll völlig umgebaut werden. [92]

Im österreichischen Parlament kritisierte der FPÖ-Clubchef Herbert Kickl als einer der ersten diese Aussagen und die Maßnahmen der Regierung, unter anderem den Lockdown, scharf. [93] Er warf dem damaligen Bundeskanzler Kurz vor, „die Bevölkerung in Angst und Schrecken versetzt" zu haben, um damit eine „neue Normalität" herzustellen. Leider sollte er recht behalten. Denn genau das erleben wir ja seitdem – mit Lockdowns, Verboten, Beschränkungen, Medien-Propaganda, Impfpflichten, Diskriminierung und Einschränkungen der Grund- und Freiheitsrechte.

---

89 *https://www.youtube.com/watch?v=TgC2TzvIRY8*

90 *https://tvthek.orf.at/history/Politischer-Rueckblick/13557947/Kanzler-Kurz-verkuendet-Notbetrieb-in-Oesterreich/14047788*

91 *https://www.nachrichten.at/politik/innenpolitik/kurz-kuendigte-eine-phase-der-neuen-normalitaet-an;art385,3244929*

92 *http://reparti.free.fr/schwab2020.pdf*

93 *https://orf.at/stories/3162856/*

Im November 2021 wurde behauptet, dass es „die Aufgabe der Bundesregierung sei, die Menschen in Österreich zu schützen." [94] Und der grüne Gesundheitsminister Wolfgang Mückstein meinte zum diskriminierenden und völlig sinnlosen Lockdown für Ungeimpfte, dass „diese Holzhammermethode" notwendig sei, um „die dramatische COVID-Lage in den Griff zu bekommen." [95] Und das, obwohl schon im Frühjahr 2021 (!) klar war, dass die Impfung eine Übertragung des Virus nicht verhindert. [96]

Bereits 2020 zeigte sich, dass COVID-19 viel ungefährlicher war als behauptet, dass „wir in einen kompletten Panik-Zustand geraten sind" und dass die Lockdowns ein größeres Risiko waren als COVID-19. [97] Es war längst klar, dass Lockdowns und restriktive Maßnahmen medizinisch keinen signifikanten Nutzen bringen. [98]

In einer weiteren Studie der „Johns Hopkins University" wurde bestätigt, dass die Lockdowns die Sterblichkeit von COVID-19 nur um 0,2 % (!) senkten und somit keinen merkbaren Effekt auf die COVID-19-Sterblichkeit hatten. [99, 100] Eine Studie der Universität München kam zum Schluss, dass der Nutzen von Schulschließungen und Lockdowns „deutlich

---

94 *https://www.bundeskanzleramt.gv.at/bundeskanzleramt/nachrichten-der-bundesregierung/2021/11/bundeskanzler-schallenberg-bundesweiter-lockdown-fuer-ungeimpfte.html*

95 *https://orf.at/stories/3237386/*

96 *https://www.forschung-und-lehre.de/forschung/schutz-vor-ansteckung-nach-impfung-nicht-belegt-3514*

97 *https://www.washingtonpost.com/dc-md-va/2020/12/16/john-ioannidis-coronavirus-lockdowns-fox-news/*

98 *https://onlinelibrary.wiley.com/doi/10.1111/eci.13484*

99 *https://sites.krieger.jhu.edu/iae/files/2022/01/A-Literature-Review-and-Meta-Analysis-of-the-Effects-of-Lockdowns-on-COVID-19-Mortality.pdf*

100 *https://www.foxnews.com/media/johns-hopkins-university-study-lockdowns-media-blackout*

überschätzt" wurde. [101] Und der „Deutsche Sachverständigenausschuss" stellte fest, dass sich die Stärke des Lockdown Effekts aufgrund fehlender wissenschaftlicher Begleitung, Kontrollgruppen und Erfahrungswerte in Deutschland nicht kausal und umfassend abschätzen lässt. [102]

Mittlerweile steht fest, dass die Lockdowns massive wirtschaftliche, gesellschaftliche, bildungspolitische und psychische Folgen für die Bevölkerung hatten, bis hin zum Entstehen der derzeitigen verheerenden Inflation, was in unzähligen Studien und Artikeln publiziert wurde. [103, 104, 105] So sprach die Weltbank wörtlich von einer durch die Schulschließungen „verlorenen Generation" von 1 Milliarde Kindern. [106]

Was in der Öffentlichkeit geflissentlich verschwiegen wird, ist die Tatsache, dass die Lockdowns auch massiv Lebensjahre kosteten. Vorzeitige Todesfälle werden mit dem Indikator der Anzahl verlorener potenzieller Lebensjahre gemessen. [107]

Laut einer umfangreichen Studien-Auswertung kosteten die Lockdowns sage und schreibe bis zu 282-mal mehr Lebensjah-

---

101 https://www.focus.de/politik/deutschland/studie-der-universitaet-muenchen-wissenschaftler-erklaeren-effekt-von-lockdown-und-notbremse-wird-offenbar-deutlich-ueberschaetzt_id_13348160.html

102 https://www.bundesgesundheitsministerium.de/fileadmin/Dateien/3_Downloads/S/Sachverstaendigenausschuss/220630_Evaluationsbericht_IFSG_NEU.pdf

103 https://www.sueddeutsche.de/wirtschaft/konjunktur-corona-hat-riesige-wirtschaftliche-schaeden-verursacht-dpa.urn-newsml-dpa-com-20090101-220123-99-815011

104 https://www.spiegel.de/panorama/bildung/corona-mehr-depressionen-bei-jugendlichen-durch-schulschliessungen-a-2d9fcd20-7740-4060-93c2-46775f33cfad

105 https://www.welt.de/wirtschaft/article222924900/Hunger-Corona-macht-die-Erfolge-im-Kampf-gegen-Armut-zunichte.html

106 https://blogs.worldbank.org/voices/we-are-losing-generation-devastating-impacts-covid-19

107 https://ind.obsan.admin.ch/indicator/obsan/verlorene-potenzielle-lebensjahre

Quelle: https://blogs.worldbank.org/voices/we-are-losing-generation-devastating-impacts-covid-19

re als sie retteten. [108] Die Lockdowns waren eine gigantische politische Fehlentscheidung. Eine israelische Studie ergab, dass – selbst wenn die Lockdowns Leben gerettet hätten – auf längere Sicht 20-mal mehr Menschen durch die Lockdowns getötet wurden. [109] Die Lockdowns haben also viele Menschenleben gekostet, die Inflation in Gang gesetzt und die Wirtschaft ruiniert.

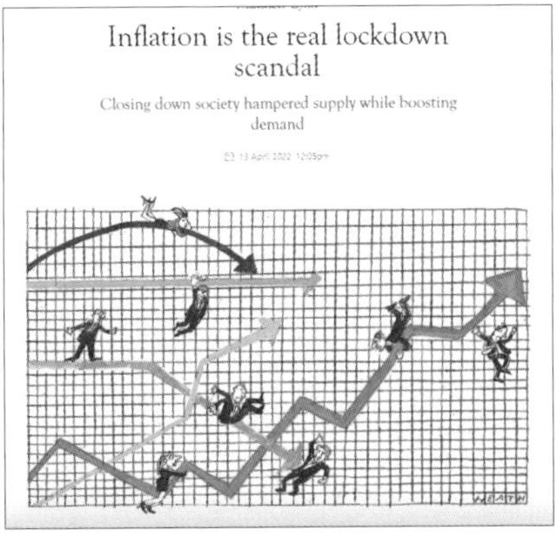

Quelle: https://www.spectator.co.uk/article/inflation-is-the-real-lockdown-scandal/

108 https://www.sfu.ca/~allen/LockdownReport.pdf

109 https://www.ncbi.nlm.nih.gov/pmc/articles/PMC9368251/

Masken – gefährlich und ohne nachgewiesenen Effekt

Der frühere österreichische Bundeskanzler Kurz meinte, dass „wir uns an Masken gewöhnen müssen.“ [110] Die frühere deutsche Bundeskanzlerin Angela Merkel ergänzte, dass das „Tragen von Masken unverzichtbar bleibt.“ [111] Der frühere österreichische Gesundheitsminister Rudolf Anschober gab die wahren Beweggründe für die Maskenpflicht offen zu: Der Mund-Nasen-Schutz erfülle auch ein psychologisches Kriterium, indem er daran erinnert, wie wichtig der Mindestabstand ist. [112] Mit anderen Worten: Masken dienten dazu, die Angst in der Bevölkerung weiter zu schüren. [113]

Jahrelang behaupteten Politiker, Mainstream-Medien und diverse „Experten“, dass Masken Ansteckungen effektiv verhindern [114] und dass FFP2-Masken angeblich besonders gut schützen. [115, 116] Deshalb wurden auch die Masken- und sogar die FFP2-Maskenpflichten eingeführt. [117, 118]

Dazu kann man kurz und bündig sagen: Für all diese Behauptungen gibt es keine wissenschaftliche Evidenz. Ob Masken irgendetwas bringen – außer die Bevölkerung zu verängstigen

---

110 *https://kurier.at/politik/inland/kanzler-kurz-maskenpflicht-koennte-auch-in-den-oeffis-kommen/400797905*

111 *https://www.faz.net/aktuell/wirtschaft/merkel-das-tragen-von-masken-bleibt-unverzichtbar-16848352.html*

112 *https://kurier.at/politik/inland/maskenpflicht-was-wird-neu/400977773*

113 *https://www.uni-wuerzburg.de/aktuelles/pressemitteilungen/single/news/masken-aktivieren-corona-angst/*

114 *https://www.zusammengegencorona.de/leichtesprache/das-tragen-von-masken-hilft-uns-allen/*

115 *https://kurier.at/wissen/gesundheit/erforscht-so-gut-schuetzt-die-ffp2-maske-vor-ansteckung/401829601*

116 *https://www.kleinezeitung.at/lebensart/gesundheit/6070307/Studie-zu-FFP-2Masken_Sehr-hoher-Schutz-gegen-Coronainfektionen*

117 *https://www.bundesregierung.de/breg-de/suche/regelung-zu-masken-1842704*

118 *https://www.stadt-wien.at/wien/news/ffp2-maske.html*

– ist nach wie vor unklar. Die Empfehlung „Mask use in the context of COVID-19: interim guidance“ der WHO brachte es bereits 2020 auf den Punkt. [119] Gemäß den Leitlinien der WHO gab es keine eindeutige Evidenz („limited evidence“), also keine klaren Beweise, dass Masken der normalen Bevölkerung effizienten Schutz bieten.

Dieser Empfehlung musste sich in weiten Bereichen auch der Deutsche Sachverständigenausschuss anschließen. [120] Auch die deutschen Experten kamen hier zu einer klaren Aussage, die sich mit der WHO-Empfehlung deckt: „Eine generelle Empfehlung zum Tragen von FFP2-Masken ist aus den bisherigen Daten nicht ableitbar.“

2022 erschien im renommierten New England Journal of Medicine ein Artikel, der von Masken-Befürwortern seitdem gerne als Argument für Maskenpflichten verwendet wurde. [121] Diese Studie ergab angeblich einen Rückgang der COVID-19-Fälle um 29,4 %. Doch dann wurden die Daten wissenschaftlich re-analysiert. Das peinliche Ergebnis: Es konnte kein Zusammenhang zwischen Maskentragen und Infektionsraten festgestellt werden. [122]

Der deutsche Gesundheitsminister Karl Lauterbach zitierte 2022 eine Meta-Analyse, die seiner Meinung nach den positiven Effekt von Masken unterstützen sollte. Dafür wurde er von Wissenschaftlern kritisiert: Denn die Studie wurde zur „Unstatistik des Monats“ gekürt, weil sie sehr schlecht gemacht war. [123] Das Berufen auf diese Studie von Karl Lauter-

---

119 *https://apps.who.int/iris/handle/10665/337199*

120 *https://www.bundesgesundheitsministerium.de/fileadmin/Dateien/3_Downloads/S/Sachverstaendigenausschuss/220630_Evaluationsbericht_IFSG_NEU.pdf*

121 *https://www.nejm.org/doi/full/10.1056/NEJMoa2211029*

122 *https://arxiv.org/abs/2307.11974*

123 *https://www.berliner-zeitung.de/mensch-metropole/unstatistik-des-monats-wissenschaftler-zerlegen-lauterbachs-masken-studie-li.262111*

bach konnte nach Ansicht von Wissenschaftlern „seinem Anliegen mehr schaden als es nutzt".[124] Ein Paradebeispiel dafür, wie seitens der Regierungs-Politik und Medien-Propaganda ausschließlich Studien, die in das jeweilige Weltbild passen, „aufgeblasen" und verwendet werden, während widersprüchliche Daten im besten Fall ignoriert, im schlimmsten Fall bekämpft und mit Hilfe von unkontrollierten „Faktenchecks", Mainstream-Medien und „Experten" ins Lächerliche gezogen werden.

Ein Cochrane-Review, eine systematische Übersichtsarbeit aus dem Jahr 2023, bestätigt endgültig die seit 2020 bekannten Fakten, nämlich, dass es keine eindeutigen wissenschaftlichen Daten gibt, die beweisen, dass Masken effektiv vor einer Infektion mit Covid-19 schützen.[125]

Möbelhaus in Innsbruck am 03. 07. 2023 – nach dem Ende der Corona-Maßnahmen

124 https://www.rwi-essen.de/presse/wissenschaftskommunikation/unstatistik/detail/mega-studie-zum-maskentragen-hat-viele-maengel

125 https://www.cochranelibrary.com/cdsr/doi/10.1002/14651858.CD006207.pub6/full?utm_source=mp-fotoscapes

Und dennoch: Immer noch laufen Menschen – sogar im Freien! – mit Masken herum. Und noch am 03.07.2023, als in Österreich alle Corona-Maßnahmen beendet waren, forderte ein großes Möbelhaus in Innsbruck die Besucher auf, eine FFP2-Maske zu tragen.

Unumstritten ist hingegen, dass viel zu viele Masken – um Milliarden von Euro – gekauft wurden und diese riesige Probleme verursacht haben. [126] So mussten schon Milliarden von Masken verbrannt werden. [127] Wegen der Geschäftemacherei mit Masken und Tests werden in Deutschland und Österreich seit langem Untersuchungsausschüsse gefordert. [128] Längst interessieren sich Rechnungshöfe, Finanzämter und Staatsanwaltschaften für diesen Themenbereich. [129, 130, 131]

Zeitweise wurden während der Pandemie pro Minute drei Millionen Masken (!) zu Plastikmüll, jeden Monat wurden weltweit 129 Milliarden (!) Masken weggeworfen. [132] Es wurde eine gigantische Menge an problematischem Plastikmüll produziert. Gelangen diese Masken ins Wasser, werden Inhaltsstoffe wie Schwermetalle und Färbemittel freigesetzt. [133]

---

126 *https://www.tagesschau.de/inland/innenpolitik/bundesrechnungshof-corona-masken-101.html*

127 *https://www.euwid-recycling.de/news/wirtschaft/corona-krise-millionen-vom-bund-gekaufter-masken-bald-in-muellverbrennung-111022/*

128 *https://www.deutschlandfunkkultur.de/corona-chaos-untersuchungsausschuss-104.html*

129 *https://orf.at/stories/3281371/*

130 *https://kurier.at/wirtschaft/maskenskandal-palmers-und-hygiene-austria-weisen-vorwuerfe-zurueck/402115569*

131 *https://www.spiegel.de/politik/deutschland/jens-spahn-rechnungshof-ruegt-schutzmasken-einkauf-ueber-logistikkonzern-a-558d0365-0002-0001-0000-000177967149*

132 *https://www.n-tv.de/panorama/1-5-Milliarden-Einwegmasken-landen-in-Meeren-article22311285.html*

133 *https://www.zentrum-der-gesundheit.de/news/gesundheit/covid-19/corona-masken*

Im Wasser entstehen kleine Kunststoffpartikel, die von Lebewesen direkt oder indirekt über die Nahrung aufgenommen werden – und letztendlich über die Nahrungskette im Menschen enden.

Während es mittlerweile völlig normal ist, dass Politik und Medien vor Klimaveränderungen [134] und dem zunehmenden Müllproblem mit Mikroplastik in unseren Gewässern und Weltmeeren [135] geradezu alarmistisch warnen, wurde und wird das gigantische Müllproblem der Wegwerfmasken faktisch totgeschwiegen.

Quelle: https://www.zentrum-der-gesundheit.de/news/gesundheit/covid-19/corona-masken

---

134 *https://www.sr.de/sr/sr2/sendungen_a-z/uebersicht/medienwelt/20230729_zwischen_aufklaerung_und_alarmismus_medien_cross_und_quer_sendung_100.html*

135 *https://at.galileo.tv/natur/forscher-entdecken-neues-tiefsee-tier-und-es-hat-plastik-im-bauch/*

Masken verursachen leider auch massive gesundheitliche Probleme. Das Tragen von Masken über einen längeren Zeitraum verursacht unter anderem Kopfschmerzen, Hautausschlag, Akne, Hautschäden und Beeinträchtigungen der Wahrnehmung.[136] Auch die WHO listete etliche Risiken und Gefahren beim Tragen von Masken auf: Im Blut reichert sich massiv Kohlendioxid an, was besonders bei Kindern und älteren Menschen zu schweren psychischen und körperlichen Beeinträchtigungen bis hin zum „Mask-Induced Exhaustion Syndrome“ (übersetzt: durch Masken verursachtes Erschöpfungs-Syndrom) führen kann.[137] Hinzu kommt, dass Masken je nach Tragezeit ein Reservoir für eine Vielzahl von Krankheitserregern aus dem Nasen- und Rachenraum sein können.

Isolation in den Heimen: Der einsame und stille Tod

Sozial isolierte Menschen haben ein merklich höheres Risiko, an bestimmten Krankheiten zu sterben.[138] Isolation – auch als „weiße Folter“ bezeichnet – wird gezielt verwendet, um Menschen zu brechen.[139]

Obwohl die massiven negativen Folgen von Isolation längst bekannt sind, wurden die Bewohner unserer Alters- und Pflegeheime mittels Isolation „geschützt“. Das hatte schwerwiegende Folgen für alle, die oft monatelang allein in ihren Zimmern bleiben mussten: Isolation, Einsamkeit, Depressionen, schwindender Lebenswille, Angstzustände, Apathie – und Tod. Den Menschen in den Heimen wurde in der Pandemie ihr Recht auf soziale Teilhabe genommen.[140] Und obwohl

---

136 *https://www.clinmedjournals.org/articles/jide/journal-of-infectious-diseases-and-epidemiology-jide-6-130.php?jid=jide*

137 *https://www.mdpi.com/1660-4601/18/8/4344*

138 *https://www.derstandard.at/story/3000000175278/deutlich-hoeheres-sterberisiko-durch-einsamkeit-und-isoliertes-lebens-leben*

139 *https://taz.de/Weisse-Folter-in-iranischem-Gefaengnis/!5915486/*

140 *https://www.swr.de/swr2/wissen/pflegeheime-in-der-pandemie-isolation-und-einsamkeit-104.html*

Heimbewohner zumeist mehrfach geimpft waren, mussten sich die Heime an die Vorschriften zur Isolationspflicht halten, die oft ohne Rücksicht und mit „besonderer Härte" umgesetzt wurden.[141]

Is Extended Isolation Killing Older Adults in Long-Term Care?

Five months of COVID-19 lockdowns have created a mental health crisis

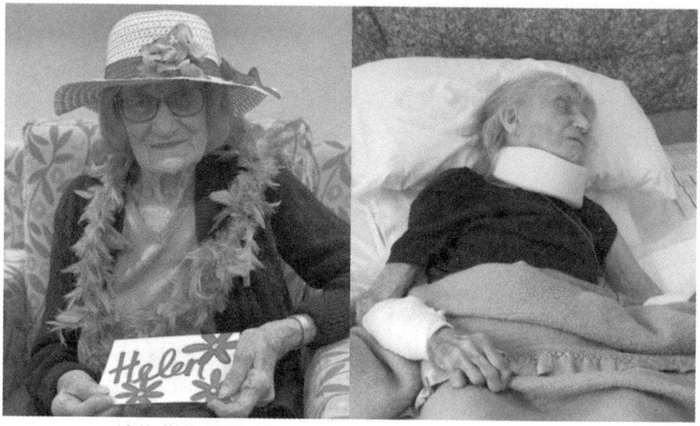

Left: Helen. 99. in May. Right: Helen, in July, after rapid health declines during the COVID-19 lockdowns. Helen has been placed in hospice.

Quelle: https://www.aarp.org/caregiving/health/info-2020/covid-isolation-killing-nursing-home-residents.html

Rund ein Drittel aller COVID-19-Toten in Österreich in den Jahren 2020 und 2021 starb in den Alters- und Pflegeheimen – still und alleingelassen.[142] Viele Menschen starben in den Heimen aber nicht *an* Corona, sondern *mit* Corona bezie-

---

141 *https://www.welt.de/politik/deutschland/article244644950/Pflegeheim-Besondere-Haerte-Wie-Gesundheitsaemter-die-Isolation-durchsetzten.html*

142 *https://exxpress.at/totalversagen-der-gesundheitspolitik-4237-corona-tote-waren-pflegeheim-bewohner/*

hungsweise an der Isolation.[143, 144] Es ist längst bekannt, dass einsame Menschen früher sterben.[145, 146]

Der frühere deutsche Bundespräsident Gustav Heinemann meinte, dass man „den Wert einer Gesellschaft daran erkennt, wie sie mit den Schwächsten ihrer Glieder verfährt".[147] So gesehen ist der Wert unserer Gesellschaft massiv gesunken. Angehörigen wurde oft der Besuch der Heimbewohner verwehrt.[148] Viele alte Menschen mussten in den Heimen einsam sterben, eben weil sie von ihren Angehörigen gezwungenermaßen im Stich gelassen werden mussten.[149] Die Corona-Maßnahmen der Regierungen befeuerten das Ende der Solidarität.[150] Den Heimbewohnern wurde die Lebenskraft und Freude geraubt.[151] Die Menschen erlebten die Situation als Gefängnis.[152] Das war die vielgepriesene „neue Normalität" – eine Schande, die immer noch von vielen Angehörigen als unentschuldbar empfunden wird.

Die COVID-19-Impfungen wirken katastrophal

Eine Impfung, die gut wirkt, kann vor einer Infektionskrankheit schützen. Bei einer gut wirkenden Impfung kann ein

---

143 https://www.rnd.de/panorama/viele-sterben-nicht-an-corona-sondern-an-der-isolation-B4CP4FB2E5B5BIDQ3PISC6RGT4.html

144 https://www.morgenpost.de/ratgeber/article232487297/corona-altenheime-bewohner-einsamkeit-tod.html

145 https://sciencev2.orf.at/stories/1715028/index.html

146 https://taz.de/Studie-zu-Einsamkeit-und-Sterberisiko/!5941475/

147 https://www.bundesregierung.de/breg-de/service/bulletin/rede-von-bundespraesident-dr-frank-walter-steinmeier-800210

148 https://steiermark.orf.at/stories/3048630/

149 https://brf.be/regional/1432677/

150 https://taz.de/Corona-und-das-Ende-der-Solidaritaet/!5678124/

151 https://www.derstandard.at/story/2000124979537/wie-lockdowns-aelteren-menschen-die-lebenskraft-rauben

152 https://www.kath.ch/newsd/alte-menschen-zu-isolieren-hat-fatale-folgen/

rechtzeitiger Impfschutz schwere Erkrankungsverläufe und Todesfälle verhindern. Die Pocken-Impfung ist ein Beispiel einer solchen Erfolgsgeschichte. [153] Immer noch wird von Politik, Mainstream-Medien und „Experten“ behauptet, dass die Wirkung der COVID-19-Impfungen angeblich gut sei. [154] Auch das „Robert Koch-Institut“ erklärt immer noch, dass die COVID-19-Impfung vor schweren Krankheitsverläufen – und der Tod ist der schwerstmögliche Krankheitsverlauf – schützt.

Der deutsche Gesundheitsminister Karl Lauterbach nannte die Impfung einen „Pandemie-Joker“. Durch die Impfung sei angeblich eine große Chance für eine Herdenimmunität gegeben (dass also die geimpfte Bevölkerung immun gegen die Infektion sein soll) – eine Hoffnung, die sich nicht erfüllt hat. [155] Und der frühere österreichische Bundeskanzler Kurz meinte noch am 16. 09. 2021, dass „für die Geimpften die Pandemie vorbei ist“ [156], obwohl damals längst klar war, dass diese Behauptung falsch ist. Bis heute wird von der „Europäischen Arzneimittelbehörde“ EMA propagiert, dass die Impfstoffe einen wirksamen Schutz vor schweren Krankheitsverläufen, Krankenhausaufenthalten und Tod bieten. [157]

Leider sind diese Behauptungen unrichtig und längst widerlegt. Und jeder kann Tag für Tag, an all den Infizierten, Kranken und COVID-19-Toten sehen, dass diese Impfpropaganda einfach nicht stimmt.

---

153 *https://www.kindergesundheit-info.de/themen/krankes-kind/erkrankungen/infektionskrankheiten/*

154 *https://www.rki.de/SharedDocs/FAQ/COVID-Impfen/FAQ_Liste_Wirksamkeit.html*

155 *https://www.hna.de/verbraucher/corona-biontech-pfizer-impfung-impfstoff-studie-karl-lauterbach-deutschland-kassel-hna-zr-90212857.html*

156 *https://www.puls24.at/video/puls-24/kurz-pandemie-fuer-geimpfte-vorbei/v-cebhnks4udep*

157 *https://www.ema.europa.eu/en/human-regulatory/overview/public-health-threats/coronavirus-disease-covid-19/covid-19-medicines/covid-19-vaccines-key-facts*

In Österreich sind (mit Stand vom 30.06.2023) 73,9 % der Bevölkerung einmal, 71,5 % zweimal, 56,1 % dreimal und 18,7 % viermal oder öfter geimpft. [158] In Deutschland waren bis zum 08.04.2023 sogar 77,9 % der Bevölkerung einmal, 76,4 % zweimal, 62,6 % dreimal und 15,2 % viermal oder öfter gegen COVID-19 geimpft. [159] Mit anderen Worten: In Österreich wurde fast ¾ der Bevölkerung grundimmunisiert und mehr als die Hälfte aufgefrischt, in Deutschland sogar noch mehr.

Mit diesen Impfquoten hätten natürlich die Infektionszahlen und die Zahl der Corona-Toten massiv zurückgehen müssen, wenn die Impfungen – wie behauptet und sogar versprochen – gewirkt hätten. Das Gegenteil ist aber leider der Fall.

Bis 26.12.2020, dem Tag, bevor in Österreich am 27. 12. 2020 zu impfen begonnen wurde, gab es in Österreich offiziell 349.275 Infektionsfälle. Bis zum 29.06.2023 wurden 6.081.287 offizielle Infektionsfälle registriert. [160] 94,2 % aller COVID-19-Infektionen fanden demnach in Österreich während der Impf-Ära statt. Die Zahl der Infektionen wurde also mitnichten gesenkt, im Gegenteil.

---

158 *https://orf.at/corona/daten/impfung*

159 *https://impfdashboard.de/*

160 *https://de.statista.com/statistik/daten/studie/1101412/umfrage/entwicklung-der-fallzahlen-des-coronavirus-in-oesterreich/*

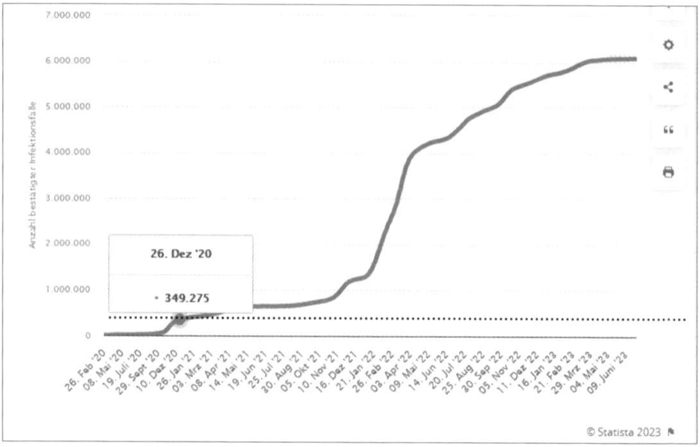

Offizielle COVID-19-Infektionen in Österreich bis 29.06.2023. Oberhalb der strichlierten Linie sind die Infektionen seit Beginn der Impfungen angezeigt.

Bis zum 26.12.2020 starben in Österreich 7.143 Patienten offiziell an COVID-19 [161], bis zum 29.06.2023 gesamt 22.542. Fast 70 % aller COVID-19-Toten in Österreich starben also in einer Zeit, wo bis zu ¾ der Bevölkerung geimpft waren. Ein verheerendes Ergebnis der Impfkampagne. Es verwundert nicht, dass angesichts dieser desaströsen Zahlen in Österreich mittlerweile alle COVID-19-Dashboards und -statistiken eingestellt wurden.

In Deutschland erfolgte die erste COVID-19-Impfung am 26.12.2020. Bis zum 28.12.2020 gab es in Deutschland offiziell 1.672.645 Infektionsfälle, bis zum 24. 07. 2023 38.428.685. Bis zum 28.12.2020 starben in Deutschland offiziell 31.176 Menschen an COVID-19, bis zum 24.07.2023 in Summe hingegen 174.352. [162] Mit anderen Worten: 95,6 % aller offiziel-

161 https://orf.at/corona/daten/oesterreich

162 https://de.statista.com/statistik/daten/studie/1102667/umfrage/erkrankungs-und-todesfaelle-aufgrund-des-coronavirus-in-deutschland/

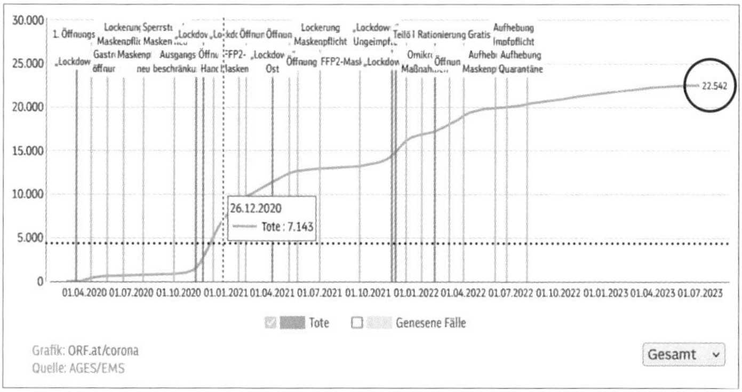

Offizielle COVID-19-Tote in Österreich bis 29. 06. 2023. Oberhalb der strichlierten Linie sind die COVID-19-Toten seit Beginn der Impfungen angezeigt.

len COVID-19-Infektionen fanden in der Impf-Ära statt, und sage und schreibe 82,1 % aller COVID-19-Toten starben trotz einer noch höheren Impfrate als in Österreich. Dieses katastrophale Ergebnis der Impfungen hätte es nicht annähernd geben dürfen, wenn die Impfungen wenigstens halbwegs wirken würden. Dass die – verglichen mit Österreich – in Deutschland höhere Impfrate möglicherweise die Ursache für den höheren Anteil an COVID-19-Toten in der Impf-Ära ist, stellt eine Vermutung dar, die nicht von der Hand zu weisen ist.

Seit dem 6. August 2021 ist klar, dass die Impfungen nicht vor Ansteckungen und vor Übertragung der Krankheit schützen und dass geimpfte Infizierte genauso ansteckend sind wie ungeimpfte.[163] Der israelische Premierminister erklärte bereits in der Sitzung des Kabinetts am 22. August 2021, dass die doppelt Geimpften „paradoxerweise die vulnerabelste Gruppe in der Bevölkerung“ seien.[164] Im Mai 2022 berichte-

163 https://www.cdc.gov/mmwr/volumes/70/wr/mm7031e2.htm

164 https://www.gov.il/en/departments/news/pm-bennett-s-remarks-at-the-start-of-the-weekly-cabinet-meeting-5-september-2021

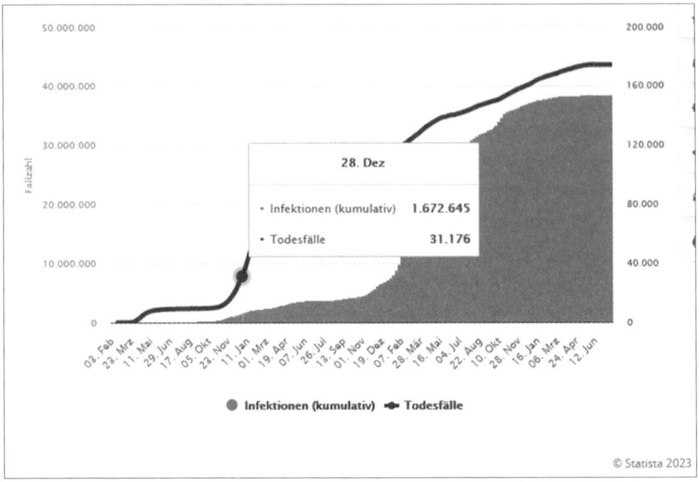

Offizielle COVID-19-Infektionen und COVID-19-Tote in Deutschland bis zum 24. 07. 2023. Rechts von der strichlierten Linie sind die COVID-19-Infektionen und COVID-19-Toten seit Beginn der Impfungen zu sehen.

ten dann auch deutsche Mainstream-Medien, spät aber doch, dass auf den Intensivstationen immer mehr Menschen lagen, die bereits eine Booster-Impfung bekommen hatten, also zumindest dreimal geimpft waren. [165]

Zwischen dem 06. 03. 2022 und dem 27. 03. 2022 starben in Großbritannien 4.067 Menschen an COVID-19. Nur 321 der COVID-19-Toten waren ungeimpft, also 7,8 %. [166] Diese erschreckenden Zahlen wurden in der Zwischenzeit bestätigt. In der Woche vom 6. August 2022 starben in New South Wales 200 Menschen an COVID-19. 139 (70 %) hatten wenigstens drei Dosen erhalten, 22 zwei Dosen, vier eine Dosis

165 *https://www.mdr.de/wissen/corona-covid-anteil-von-geboosterten-auf-intensivstationen-nimmt-rasant-zu-100.html*

166 *https://assets.publishing.service.gov.uk/government/uploads/system/uploads/attachment_data/file/1066759/Vaccine-surveillance-report-week-13.pdf*

– und nur 30 (15 %) waren ungeimpft. [167] Im gesamten Jahr 2022 starben in England nur 2.273 Ungeimpfte, aber 25.768 Geimpfte an COVID-19. Sage und schreibe 92 % aller COVID-19-Toten waren also geimpft. [168] Es starben überproportional viele Geimpfte an COVID-19.

Eine Studie der hoch angesehenen Cleveland Clinic zeigte, dass das COVID-19-Erkrankungsrisiko mit der Anzahl der zuvor erhaltenen COVID-19-Impfstoffdosen steigt. Je höher die Anzahl der zuvor erhaltenen Impfdosen, desto höher das Risiko, sich mit COVID-19 zu infizieren. [169] Mit anderen Worten: Je öfter geimpft, desto öfter an COVID-19 erkrankt.

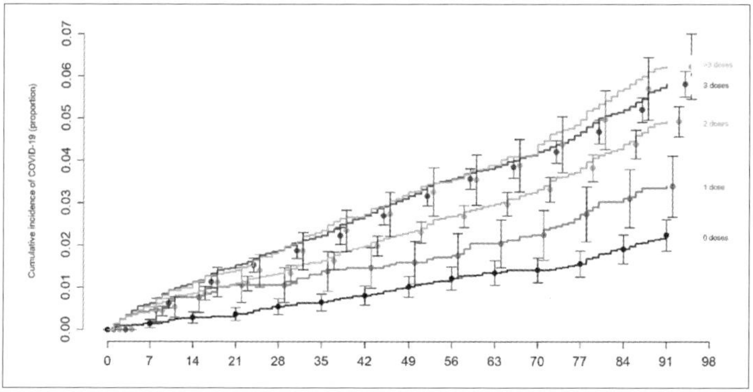

Quelle: https://www.medrxiv.org/content/10.1101/2022.12.17.22283625v1.full.pdf

Das Risiko, an COVID-19 zu erkranken, steigt mit der Anzahl der Impfdosen.

---

167 https://www.health.nsw.gov.au/Infectious/covid-19/Documents/weekly-covid-overview-20220806.pdf

168 https://expose-news.com/2023/07/14/triple-vaccinated-9-in-10-covid-deaths-2022/

169 https://www.medrxiv.org/content/10.1101/2022.12.17.22283625v1.full.pdf

Damit ist geklärt, warum Geimpfte überproportional an COVID-19 sterben. Denn wenn man öfter an COVID-19 erkrankt, steigt natürlich auch das Risiko, an COVID-19 zu sterben. Die Impfungen verhindern also mitnichten Infektionen, schwere Verläufe oder den Tod durch COVID-19, im Gegenteil. Das Risiko für Geimpfte, an COVID-19 zu sterben, ist mittlerweile höher als für Ungeimpfte.

Schon früh wurde bei den COVID-19-Impfungen vor dem Phänomen des „immune imprinting“ gewarnt, das auch als „original antigenic sin“ oder „Antigenerbsünde“ bezeichnet wird. [170] Darunter versteht man das immunologische Phänomen, dass frühere Impfungen vor Infektionen mit neuen Virus-Varianten nicht nur nicht mehr schützen, sondern eine effektive Immunantwort sogar behindern. [171] Genau das passiert nach COVID-19-Impfungen. [172] Die „Sünde“ der Impfung führt also dazu, dass Geimpfte schlechter vor Infektionen mit neuen Virus-Varianten geschützt sind.

Neue Virus-Varianten sind kaum anfällig für eine Neutralisierung durch Seren von geimpften Personen, einschließlich von geboosterten Personen. [173] Neue Virus-Varianten reagieren also nicht mehr auf Impfungen. Aktuelle wissenschaftliche Erkenntnisse deuten darauf hin, dass wiederholte Impfungen zu erhöhten IgG4-Spiegeln führen. Das sind Antikörper, die immunologische Systemerkrankungen erzeugen können. [174] Diese Antikörper können aber auch dazu führen, dass neue Virus-Varianten vom Immunsystem nicht mehr effektiv bekämpft werden können. [175]

---

170 https://www.ncbi.nlm.nih.gov/pmc/articles/PMC8440232/

171 https://journals.asm.org/doi/10.1128/msphere.00056-21

172 https://www.nature.com/articles/s41586-022-05644-7

173 https://www.ncbi.nlm.nih.gov/pmc/articles/PMC7953441/

174 https://flexikon.doccheck.com/de/IgG4-assoziierte_Erkrankung

175 https://www.ncbi.nlm.nih.gov/pmc/articles/PMC10222767/

In Summe muss also leider festgestellt werden, dass durch die Impfungen immunologische Mechanismen in Gang gesetzt werden, die dazu führen, dass Geimpfte paradoxerweise häufiger an den ständig neu gebildeten Varianten des COVID-19-Virus erkranken. Das musste zuletzt auch vom Center of Disease Control (CDC) der USA zugegeben werden. [176] Die Menschen beobachten genau das Tag für Tag: Die Versprechungen von Politik und Medien zu den Impfstoffen sind unwahr, sie entsprechen in keiner Weise den wissenschaftlichen Erkenntnissen. Es lässt sich einfach nicht mehr verbergen oder schönreden, dass die Impfungen Infektionen, Ansteckungen, schwere Verläufe oder den Tod durch COVID-19 nicht verhindern, im Gegenteil. Geimpfte erkranken mit einer drei- bis fünfmal höheren Wahrscheinlichkeit an COVID-19 als Ungeimpfte. [177]

Ich kenne keine andere breitflächig eingesetzte Impfung in der Geschichte der Medizin, die auch nur annähernd so katastrophale Folgen hatte.

---

176 https://www.cdc.gov/respiratory-viruses/whats-new/covid-19-variant.html

177 https://tkp.at/2022/07/06/israel-geimpfte-3-bis-5-mal-wahrscheinlicher-mit-covid-diagnose-als-ungeimpfte/

Massive Impf-Nebenwirkungen – geleugnet und vertuscht

Nebenwirkungen der COVID-19-Impfung vor Impfstart bekannt

Am 18. Dezember 2020, also fast zwei Wochen vor Beginn der Impfungen in Österreich, wurde per Verordnung die COVID-19-Impfung in das Impfschadengesetz aufgenommen. [178, 179] Bevor die COVID-19-Impfungen überhaupt begannen, wussten Regierung und Behörden bereits, dass durch die Impfungen schwerste Nebenwirkungen bis hin zum Tod drohten und bereiteten sich per Gesetz darauf vor.

Jahrgang 2020 **Ausgegeben am 18. Dezember 2020** **Teil II**

577. Verordnung: **Änderung der Verordnung über empfohlene Impfungen**

577. Verordnung des Bundesministers für Soziales, Gesundheit, Pflege und Konsumentenschutz, mit der die Verordnung über empfohlene Impfungen geändert wird

Auf Grund des § 1b Abs. 2 des Impfschadengesetzes, BGBl. Nr. 371/1973, zuletzt geändert durch das Bundesgesetz BGBl. I Nr. 98/2019, wird verordnet:

Die Verordnung der Bundesministerin für Gesundheit und Frauen über empfohlene Impfungen, BGBl. II Nr. 526/2006, zuletzt geändert durch die Verordnung BGBl. II Nr. 452/2020, wird wie folgt geändert:

1. In § 1 erhalten die bisherigen Z 1 bis 15 die Ziffernbezeichnung „2." bis „16." und wird vor Z 2 folgende Z 1 eingefügt:

„1. COVID-19,"

Impfverordnung der Republik Österreich vom 18. Dezember 2020

---

178 https://www.ris.bka.gv.at/Dokumente/BgblAuth/BGBLA_2020_II_577/BGBLA_2020_II_577.html

179 https://www.ris.bka.gv.at/GeltendeFassung.wxe?Abfrage=Bundesnormen&Gesetzesnummer=10010356

Falsche Versprechungen von Politikern und Mainstream-Medien

Doch in der Öffentlichkeit äußerten sich Regierungspolitiker, Mainstream-Medien, Pharmaunternehmen und „Experten" ganz anders. Die Impfung wurde als sicher hingestellt, als bestens erprobt. Der ORF behauptete 2021, dass nach den Impfungen „keine Spätfolgen zu erwarten sind". [180] Der Verband der österreichischen Pharmaunternehmen beteuerte, dass die COVID-19-Impfstoffe „sicher" seien. [181] Im Herbst 2022 sprach die EU-Kommission immer noch von „sicheren Impfstoffen". [182] Und auch die ARD erklärte, dass es „keine Beweise für vermehrte Nebenwirkungen" nach den Impfungen gäbe. [183]

Noch im März 2022 behauptete das österreichische Gesundheitsministerium in Werbefoldern für die Impfungen allen Ernstes, dass „kein COVID-19-Impfstoff eine Erkrankung auslöst". [184] Dabei war schon seit dem Frühjahr bekannt, dass nach den Impfungen Myocarditiden (Herzmuskelentzündungen) auftraten, und bereits im Sommer 2021 mussten Hersteller diese schwere Nebenwirkung in den Fachinformationen ihrer Impfstoffe anführen. [185] Die Behauptung des Gesundheitsministeriums war also geradezu dummdreist. Dumm, weil dieser plumpe Propagandaversuch schon längst wissen-

---

180 https://science.orf.at/stories/3204058/

181 https://www.pharmig.at/mediathek/pressecorner/impfungen-als-einziger-ausweg-aus-der-pandemie/

182 https://commission.europa.eu/strategy-and-policy/coronavirus-response/safe-covid-19-vaccines-europeans_de

183 https://www.tagesschau.de/faktenfinder/studie-impfnebenwirkungen-corona-101.html

184 https://www.verbrauchergesundheit.gv.at/covid/19/info/Fakten_zu_den_Impfstoffen.pdf?8gfiy1

185 https://www.derstandard.at/story/2000129143994/myokarditis-als-seltene-impfnebenwirkung-im-beipackzettel

schaftlich widerlegt war. Und dreist, weil die Bevölkerung nachweislich angelogen wurde. Zudem war diese Feststellung de facto illegal und eine gefährliche Irreführung, denn Erkrankungen als Folge der COVID-19-Impfungen waren ja bereits per Gesetz 2020 amtlich festgehalten. Aber das alles war dem Gesundheitsministerium 2022 offenbar völlig egal.

Falschinformation des österreichischen Gesundheitsministeriums im März 2022

Fake News des deutschen Gesundheitsministers

Auch in Deutschland sprach der Gesundheitsminister Karl Lauterbach noch am 14. August 2021 wörtlich von einer „nebenwirkungsfreien Impfung“. [186] Also auch seitens des deutschen Gesundheitsministers Fake News, schon damals eine längst widerlegte, falsche Behauptung. Dass Lauterbach bereits 2021 die COVID-19-Impfungen – noch dazu mit falschen Behauptungen – mit dem Klimaschutz in Verbindung brachte, ist angesichts seiner aktuellen Panikmache zu die-

186 *https://twitter.com/Karl_Lauterbach/status/1426323236019650564?ref_src=twsrc%5Etfw*

sem Thema mehr als bemerkenswert und lässt seinen Aktionismus in einem speziellen Licht erscheinen. [187]

Prof. Karl Lauterbach
@Karl_Lauterbach

Stimmt. Und zusätzlich geht es darum, weshalb eine Minderheit der Gesellschaft eine nebenwirkungsfreie Impfung nicht will, obwohl sie gratis ist und ihr Leben und das vieler anderer retten kann. Daher bin ich pessimistisch was freiwillige Opfer für den Klimaschutz betrifft

Karl Lauterbach, 14.08.2021

Bei all diesen irreführenden Behauptungen hätten eigentlich bei jedem Arzt und mündigen Patienten sofort die Alarmglocken schrillen müssen, denn es gibt bekanntermaßen kein Medikament – also auch keine Impfung – ohne Nebenwirkungen. [188] Schließlich distanzierte sich Lauterbach doch von seinen früheren falschen Aussagen. [189] Aber da war es schon zu spät. Den Effekt, den man mit der Impfpropaganda erreichen wollte, hatte man erzielt: Die Menschen hatten sich massenhaft impfen lassen. Sie wurden getäuscht – um dann mit ihren Nebenwirkungen von den Systemparteien [190] im Stich gelassen zu werden.

---

187 https://www.cicero.de/innenpolitik/klimapanik-in-politik-und-medien-das-misstrauen-ist-hausgemacht-eckart-von-hirschhausen-karl-lauterbach-hitze-corona

188 https://www.vfa-patientenportal.de/arzneimittel/nutzen-und-risiken/kein-medikament-ohne-nebenwirkungen.html-1

189 https://weltwoche.ch/daily/deutschlands-gesundheitsminister-lauterbach-distanziert-sich-von-seinen-frueheren-behauptungen-wonach-bei-corona-impfungen-keine-nebenwirkungen-zu-erwarten-seien-jetzt-klagen-geschaedigte-in-deutsc/

190 https://www.unzensuriert.at/161382-systemparteien-neos-schiessen-sich-kaum-noch-zu-ueberbietendes-eigentor/

Wann werden Impfskeptiker rehabilitiert?

Lauterbach 2021: Corona-Impfung „nebenwirkungsfrei"
Lauterbach 2023: Viele Menschen mit schweren Impfschäden

Quelle: https://wetzlar-kurier.de/2906-lauterbach-2021-corona-impfung-nebenwirkungsfreilauterbach-2023-viele-menschen-mit-schweren-impfschaden/

Das Vertrauen in Systemparteien, Medizin und Mainstream-Medien ist dadurch nachhaltig beschädigt. [191] Wie heißt es doch? Wer einmal lügt, dem glaubt man nicht.

Der Großteil der Nebenwirkungen wird nicht gemeldet

Eigentlich muss in Österreich jeder Verdacht auf eine Nebenwirkung eines Arzneimittels, also auch jeder Impfung, per Gesetz gemeldet werden. [192] In den deutschen Bundesländern ist die Rechtslage vergleichbar. [193] Neben der Art der Nebenwirkung und der Impfung müssen den Behörden auch die Folgen bekanntgegeben werden, z. B. Wiederherstellung, bleibende Schäden, Behinderung beziehungsweise Invalidität oder Tod. Übrigens: Das österreichische Ärzte-Meldeformular für die Pandemie-Impfstoffe gibt es seit dem 11. Dezember 2020: Ein weiterer Beweis dafür, dass die Behörden und das Gesundheitsministerium schon vor Beginn der Impfungen am 27. Dezember 2020 mit schwersten Impfnebenwirkungen bis hin zu Invaliditäten, schweren Behinderungen und Todesfällen rechneten.

191 https://www.welt.de/politik/deutschland/article238017857/Karl-Lauterbach-Vertrauen-beschaedigt-SPD-Politiker-rueckt-von-Lauterbach-ab.html

192 https://www.basg.gv.at/marktbeobachtung/meldewesen/nebenwirkungsmeldung-human

193 https://www.landkreis-muenchen.de/themen/verbraucherschutz-gesundheit/gesundheit/impfen/impfreaktion-impfkomplikation/

Erwähnenswert ist außerdem, dass auch jeder Bürger selbst eine Impfnebenwirkung melden kann, nicht nur Ärzte. Aber das wissen viele Patienten und Impfopfer nicht.

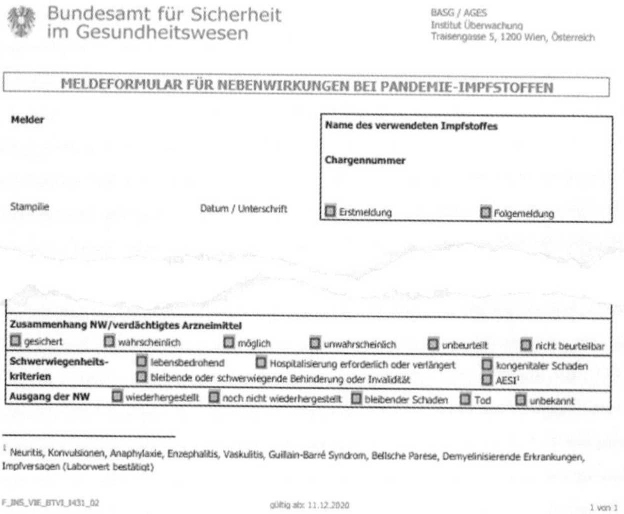

Bundesamt für Sicherheit im Gesundheitswesen

BASG / AGES
Institut Überwachung
Traisengasse 5, 1200 Wien, Österreich

MELDEFORMULAR FÜR NEBENWIRKUNGEN BEI PANDEMIE-IMPFSTOFFEN

Melder

Name des verwendeten Impfstoffes

Chargennummer

Stampilie — Datum / Unterschrift — ☐ Erstmeldung ☐ Folgemeldung

Zusammenhang NW/verdächtigtes Arzneimittel
☐ gesichert ☐ wahrscheinlich ☐ möglich ☐ unwahrscheinlich ☐ unbeurteilt ☐ nicht beurteilbar

Schwerwiegenheits-kriterien ☐ lebensbedrohend ☐ Hospitalisierung erforderlich oder verlängert ☐ kongenitaler Schaden ☐ bleibende oder schwerwiegende Behinderung oder Invalidität ☐ AESI[1]

Ausgang der NW ☐ wiederhergestellt ☐ noch nicht wiederhergestellt ☐ bleibender Schaden ☐ Tod ☐ unbekannt

[1] Neuritis, Konvulsionen, Anaphylaxie, Enzephalitis, Vaskulitis, Guillain-Barré Syndrom, Bellsche Parese, Demyelinisierende Erkrankungen, Impfversagen (Laborwert bestätigt)

F_INS_VIE_BTVI_I431_02 — gültig ab: 11.12.2020 — 1 von 1

Österreichisches Meldeformular für Nebenwirkungen der COVID-19-Impfstoffe

Eine Nebenwirkung, auch „unerwünschte Arzneimittelwirkung“ genannt, ist eine Wirkung, die neben der beabsichtigten Hauptwirkung auftritt. Diese Reaktion auf ein Arzneimittel kann schädlich oder sogar tödlich sein. Sie kann aber auch mit dem Ausbleiben einer Wirkung einhergehen.[194] Das ist weitgehend unbekannt: Auch das Ausbleiben der Wirkung einer Impfung, also jeder Impfdurchbruch, müsste an die Europäische Arzneimittelbehörde (EMA) weitergeleitet wer-

194 *https://www.gesundheit.gv.at/service/professional/arzneimittelsicherheit/pharmakovigilanz.html*

den.[195] Müsste – denn gerade in diesem Zusammenhang wird klar, wie selten Nebenwirkungen in Wirklichkeit tatsächlich gemeldet und von den Behörden registriert werden. Nur rund 6 % aller Nebenwirkungen von Arzneimitteln werden gemeldet, also ein absolut erschreckend geringer Bruchteil.[196]

„Impfdurchbrüche" – eine meldepflichtige Nebenwirkung

In der Datenbank der Europäischen Arzneimittelbehörde (EMA) waren bei der Impf-Nebenwirkung „COVID-19-Infektion" (also Impfversagen) mit Stichtag 31. Juli 2023 für den gesamten Impfzeitraum seit 2021 für mehr als eine halbe Milliarde Menschen und für alle Impfstoffe in Europa 175.732 Impfdurchbrüche gemeldet.[197]

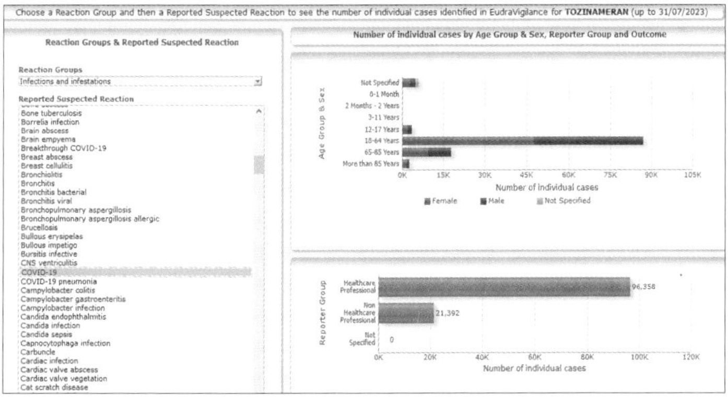

Alle bis 31. 07. 2023 gemeldeten COVID-19-Impfdurchbrüche in der Datenbank der EMA bei Tozinameran (BioNTech/Pfizer): nur 117.750 Fälle!

---

195 *https://www.meduniwien.ac.at/web/ueber-uns/news/default-0f889c8985-2/omikron-zahl-von-impfdurchbruechen-bei-krebspatientinnen-steigt/*

196 *https://science.orf.at/stories/3206228/*

197 *https://www.adrreports.eu/de/*

In einer Studie der Medizinischen Universität Wien wurde gezeigt, dass rund 70 % der Krebspatienten mit einer COVID-19-Infektion geimpft waren. [198] In den drei Wochen zwischen dem 6. und dem 27. Februar 2022 wurden in Großbritannien 1.154.859 COVID-19-Fälle dokumentiert. Davon waren lediglich 244.313 ungeimpft. Allein in Großbritannien wurden also nur im Februar 2022 rund 900.000 Impfdurchbrüche registriert. [199]

Ab 2022 gab es in Österreich bei circa neun Millionen Einwohnern rund 4,8 Millionen erfasste COVID-19-Fälle. [200] Wenn man die Rate der Impfdurchbrüche mit lediglich 70 % Geimpften von allen COVID-19-Infektionen annimmt (was sicher deutlich zu niedrig ist, aber sei es drum) waren also rund 3,3 Millionen Geimpfte infiziert. Diese Fälle hätten alle gemeldet werden müssen und müssten somit in der Datenbank der gemeldeten Nebenwirkungen der EMA aufscheinen. Dort sind aber mit Stichtag 31. Juli 2023 nur lächerliche 175.732 Impfdurchbrüche gemeldet, für Europa und für weit über eine halbe Milliarde Menschen. In der Datenbank der EMA müssten zigmillionen Impfdurchbrüche stehen, das ist aber nicht der Fall.

Auffallend ist auch, dass die Nebenwirkungsdiagnose COVID-19-Infektion nicht alphabetisch aufgelistet ist, wie sonst üblich. Die Durchbruchsinfekte sind somit „versteckt“ dokumentiert, und man muss daher sehr genau schauen, um diese Daten überhaupt aus der Datenbank ablesen zu können. Aber man will ja keine böse Absicht unterstellen …

---

198 https://www.meduniwien.ac.at/web/ueber-uns/news/default-0f889c8985-2/omikron-zahl-von-impfdurchbruechen-bei-krebspatientinnen-steigt/

199 https://assets.publishing.service.gov.uk/government/uploads/system/uploads/attachment_data/file/1058464/Vaccine-surveillance-report-week-9.pdf

200 https://orf.at/corona/daten/oesterreich

Besser kann man nicht zeigen, dass die offiziellen Zahlen der gemeldeten Nebenwirkungen in Österreich, Deutschland und Europa unbrauchbar und absolut unseriös sind. Längst ist bekannt, dass nur ein Bruchteil der tatsächlichen Nebenwirkungen der COVID-19-Impfungen von den Gesundheitsbehörden erfasst wird. [201] Auch in Deutschland werden viele Nebenwirkungen nicht gemeldet und wichtige Daten von den Gesundheitsbehörden nicht zusammengeführt. [202] Ärzte melden Nebenwirkungen oft nicht. [203] Und auch die Pharmafirmen stellen nicht alle Daten zu den Impfstoff-Studien zur Verfügung. [204] Somit stehen den Behörden nur unvollständige Daten zur Verfügung. Es ist glatter Wahnsinn, dass auch nach fast drei Jahren weltweiter Massenimpfungen offizielle, aussagekräftige und evidenzbasierte Daten und Analysen zu den Impfnebenwirkungen immer noch fehlen und eine offene Diskussion über diesen Mangel bislang kaum stattfindet. [205] Oder will man diese Daten vielleicht gar nicht erfassen?

Impfnebenwirkungen können alle Organsysteme betreffen

In der Datenbank der EMA sind Millionen Impfnebenwirkungen und zigtausende gemeldete Todesfälle nach den Impfungen dokumentiert. Es ist klar, dass diese Zahlen viel zu niedrig sind. Mittlerweile wird man in Europa wohl zumindest mit zigmillionen Impfnebenwirkungen und hunderttausenden Todesfällen nach den Impfungen rechnen müssen.

---

201 https://tkp.at/2021/08/29/massive-unterfassung-von-nebenwirkungen-und-todesfaellen-nach-impfungen/

202 https://www.focus.de/gesundheit/ausmass-bleibt-unklar-viele-impfnebenwirkungen-nicht-gemeldet-ministerium-verschleppte-wichtige-datenerfassung_id_79102312.html

203 https://www.wochenblick.at/brisant/szekeres-aerztegruppe-sie-hassen-patienten-und-ignorieren-nebenwirkungen/

204 https://www.swr.de/wissen/studie-nebenwirkungen-corona-mrna-impfung-100.html

205 https://www.regensburg-digital.de/rki-und-impfdurchbrueche-problematischer-umgang-mit-der-datenebbe/02032022/

Um die Dramatik der Impfschäden herunterzuspielen, heißt es manchmal, dass in der Datenbank nur „Verdachtsfälle" von Nebenwirkungen gemeldet werden. [206] Es ist wirklich interessant, dass laut EMA angeblich nur Verdachtsfälle registriert sind. [207] In den offiziellen Meldedokumenten in Österreich und Deutschland hingegen werden dezidiert „Nebenwirkungen der Pandemieimpfstoffe" registriert und an die EMA weitergeleitet. [208, 209] Mit anderen Worten: Ärzte melden Nebenwirkungen nach den Impfungen nur, wenn sie sich sehr sicher sind, dass die Schäden durch die Impfungen verursacht wurden.

Betroffen sind alle Organsysteme. [210] In der Datenbank der EMA, in der jeder nachlesen kann, ist eine unglaubliche Vielzahl an gemeldeten Nebenwirkungen im Zusammenhang mit den Impfungen dokumentiert, z. B. Herzmuskelentzündungen, Herzinfarkte, Schwangerschaftsprobleme, Taubheit, Schwindel, Blindheit, Durchfälle, Erschöpfungszustände, Leberschäden, Immunschäden, Blasenentzündungen, Gürtelrose, Diabetes (Zuckerkrankheit), Muskelschäden, diverse Krebsarten, Schlaganfälle, Lähmungen, Tot- und Fehlgeburten, Depressionen, Nierenversagen, Impotenz, Menstruationsstörungen, Behinderung und Bettlägerigkeit, Thrombosen, Embolien, Autoimmunerkrankungen und so weiter und so fort. Ein Gruselkabinett an Erkrankungen.

---

206 *https://www.br.de/nachrichten/wissen/ema-datenbank-zeigt-keine-bestaetigten-impf-nebenwirkungen,SfD3uRs*

207 *https://www.adrreports.eu/docs/Guide_Interpretation%20of%20spontaneous%20ICSRs_DE.pdf*

208 *https://www.landkreis-muenchen.de/themen/verbraucherschutz-gesundheit/gesundheit/impfen/impfreaktion-impfkomplikation/*

209 *https://www.basg.gv.at/marktbeobachtung/meldewesen/nebenwirkungsmeldung-human*

210 *https://www.adrreports.eu/de/*

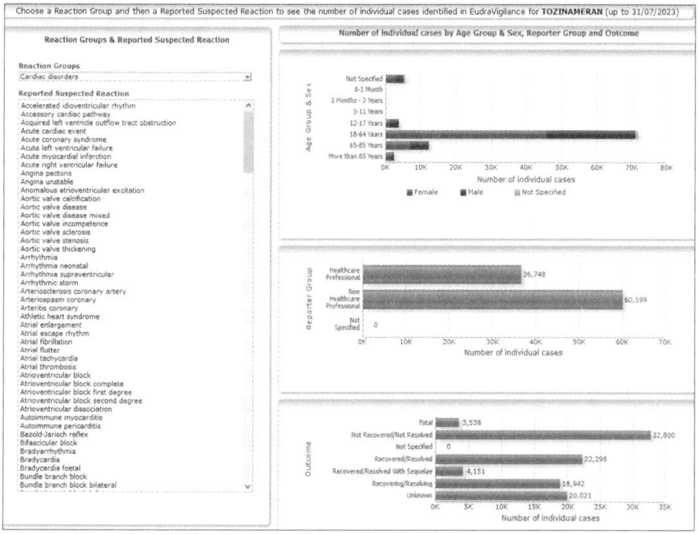

Gemeldete Herz-Nebenwirkungen (Todesfälle) in der Datenbank der Europäischen Arzneimittelbehörde bei Tozinameran (BioNTech/Pfizer): 3.538 Tote („fatal outcomes“)

Die COVID-19-Impfungen – viel gefährlicher als alle anderen Impfungen!

WHO-Daten aus dem Jahr 2021 zeigten bereits, dass COVID-19-Impfungen leider gefährlicher sind als alle anderen Impfungen. [211] Es ist Fakt, dass bei den COVID-19-Impfungen viel mehr Nebenwirkungen beobachtet werden als bei anderen Impfungen. [212] Ein Beispiel: In der WHO-Datenbank zu den Impfnebenwirkungen aller Impfungen weltweit sind bei der seit Jahrzehnten durchgeführten Masern-Impfung bis

211 *https://report24.news/who-bestaetigt-offiziell-covid-impfung-ist-gefaehrlich-wie-keine-andere/*

212 *https://report24.news/offizielle-daten-covid-impfstoffe-haben-24x-mehr-nebenwirkungen-als-andere-vakzine/*

zum 02.10.2023 insgesamt 7.916 Nebenwirkungen dokumentiert, bei den COVID-19-Impfungen – nur mit dem Impfstoff von BioNTech/Pfizer – aber 5.188.403! [213]

In Australien wurden im Jahr 2021 bei den COVID-19-Impfungen 24-mal mehr Nebenwirkungen gemeldet als bei allen anderen Impfungen zusammen. [214] Bei Impfungen werden gesunde Menschen behandelt – und sie sollen gesund bleiben. Das Schlimmste, was nach einer Impfung passieren kann, ist, wenn viele Gesunde krank werden. Und gerade das passiert leider bei den katastrophalen COVID-19-Impfungen.

Vaccine type	Number of vaccines administered in 2021	Number of adverse events reported to WAVSS	Rate of adverse events per 100,000 doses
Non COVID-19	1,808,050	200	11.1
COVID-19	3,948,673	10,428	264.1

Quelle: https://www.health.wa.gov.au/~/media/Corp/Documents/Health-for/Immunisation/Western-Australia-Vaccine-Safety-Surveillance-Annual-Report-2021.pdf

Nach COVID-19-Impfungen 24-mal mehr Nebenwirkungen als bei allen anderen Impfungen zusammen

Besonders bei Kindern werden die COVID-19-Impfungen angesichts der negativen Risiko-Nutzen-Relation längst als unethisch bezeichnet. [215] Dass die COVID-19-Impfungen angesichts der fehlenden Wirksamkeit und der massiven Nebenwirkungen immer noch massenhaft munter weiter verimpft werden sollen, ist unverantwortlich, menschenverachtend und schlichtweg ein Skandal. Der deutsche Gesundheitsminister verspricht jetzt Impfgeschädigten Hilfe, aber das wird

---

213 https://www.vigiaccess.org/

214 https://www.health.wa.gov.au/~/media/Corp/Documents/Health-for/Immunisation/Western-Australia-Vaccine-Safety-Surveillance-Annual-Report-2021.pdf

215 https://www.ncbi.nlm.nih.gov/pmc/articles/PMC9111802/

von den getäuschten und falsch informierten Impfopfern und den Angehörigen von Impftoten in vielen Fällen als Hohn empfunden.[216]

Es ist längst bewiesen, dass die COVID-19-Impfungen Menschen töten können.[217, 218, 219, 220, 221, 222] Sie können überall im Körper Gefäßentzündungen und kleine Thromben (Gefäßverschlüsse) verursachen, was eine Erklärung dafür ist, dass alle Organsysteme betroffen sind.[223, 224]

In einer wissenschaftlichen Publikation wurde gezeigt, dass die Sterblichkeitsrate nach einer COVID-19-Impfung exponentiell mit dem Alter ansteigt und in der ältesten Bevölkerungsgruppe bei rund 1 % liegt. Die Autoren berechneten, dass die Impfungen bis Januar 2023 weltweit hochgerechnet 13 Millionen Menschen das Leben gekostet haben.[225] Eine aktuelle Auswertung in 17 Ländern ergab, dass bis zum 2.09.2023 weltweit rund 17 Millionen Menschen durch die Impfungen starben.[226] Die COVID-19-Impfungen sind also nicht lebensrettend, sondern in viel zu vielen Fällen lebensgefährlich.

---

216 *https://www.n-tv.de/politik/Lauterbach-verspricht-Impfgeschaedigten-Hilfe-article23979224.html*

217 *https://link.springer.com/article/10.1007/s00414-021-02706-9*

218 *https://www.mdpi.com/2076-393X/10/10/1651*

219 *https://meridian.allenpress.com/aplm/article/146/8/925/477788/Autopsy-Histopathologic-Cardiac-Findings-in-2*

220 *https://www.mdpi.com/2077-0383/10/24/5876*

221 *https://link.springer.com/article/10.1007/s00392-022-02129-5*

222 *https://www.sciencedirect.com/science/article/pii/S1344622322001225?via%3Dihub*

223 *https://www.mdpi.com/2077-0383/10/24/5876*

224 *https://www.cureus.com/articles/131371-iga-vasculitis-following-covid-19-vaccination*

225 *https://correlation-canada.org/report-age-stratified-covid-19-vaccine-dose-fatality-rate-for-israel-and-australia/*

226 *https://correlation-canada.org/wp-content/uploads/2023/09/2023-09-17-Correlation-Covid-vaccine-mortality-Southern-Hemisphere-cor.pdf*

Sie haben laut aktueller wissenschaftlicher Literatur bis dato rund zweieinhalb Mal so viele Menschen umgebracht wie die COVID-19-Pandemie.

17 Millionen Impftote nach den COVID-19-Impfungen weltweit

> We quantify the overall all-ages vDFR for the 17 countries to be (0.126 ± 0.004) %, which would imply 17.0 ± 0.5 million COVID-19 vaccine deaths worldwide, from 13.50 billion injections up to 2 September 2023. This would correspond to a mass iatrogenic event that killed (0.213 ± 0.006) % of the world population (1 death per 470 living persons, in less than 3 years), and did not measurably prevent any deaths.

Quelle: https://correlation-canada.org/wp-content/uploads/2023/09/2023-09-17-Correlation-Covid-vaccine-mortality-Southern-Hemisphere-cor.pdf

Nichts ist mehr normal seit Beginn der COVID-19-Impfungen

Kürzlich fragte die „Berliner Zeitung", ob jemand eine Idee habe, warum in Deutschland seit April 2021 die Sterblichkeit so massiv angestiegen ist.[227] Im Artikel wurde auch gefragt, warum die Zahl der Totgeburten seit dem zweiten Quartal 2021 deutlich erhöht war. Die Fragen blieben letztendlich unbeantwortet.

Jeder weiß von diesen Entwicklungen, aber niemand redet öffentlich vom „Elefanten im Raum". Noch nicht! Welche Entwicklung änderte seit dem Januar 2021 die gesundheitliche Situation mit einem Schlag dramatisch? Welche Arzneimittel wurden seit 2021 weltweit mehr als fünf Milliarden Menschen, darunter Babys, Kindern, Erwachsenen und Schwangeren, verabreicht? Jeder weiß es, aber niemand will

227 https://www.berliner-zeitung.de/politik-gesellschaft/uebersterblichkeit-2022-staerker-gestiegen-als-im-vorjahr-hat-jemand-eine-idee-li.353301

es öffentlich laut sagen: die COVID-19-Impfungen. Für den Nachweis eines Impfschadens braucht es keine hundertprozentige Kausalität, keinen hundertprozentigen Beweis, das ist im Einzelfall nicht möglich. Es ist eine „Kausalitätswahrscheinlichkeit" erforderlich. [228]

In einem bahnbrechenden Urteil des Europäischen Gerichtshofs (EuGH) wurde 2017 entschieden, dass bestimmte Tatsachen ernsthafte, klare und übereinstimmende Indizien darstellen können, die den Schluss auf das Vorliegen eines Impfschadens zulassen. [229] Und der österreichische Verwaltungsgerichtshof entschied, dass eine Kausalitätswahrscheinlichkeit bereits dann anzunehmen ist, wenn die dafür sprechenden Gründe geringfügig überwiegen. [230] Solange es also keine andere mögliche und wahrscheinliche Ursache für die Übersterblichkeiten und die Geburtenrückgänge seit 2021 gibt, ist die derzeit einzig plausible Ursache die COVID-19-Impfung.

Seit 2021 jagt eine Rekord-Zahl an Krankenständen die nächste. [231, 232] Im ersten Halbjahr 2023 war in Deutschland jeder zweite Berufstätige mindestens ein Mal krankgeschrieben – eine erschreckende Zahl. [233] Die Zahl der Arbeitsunfähigkeiten ist bei Berufstätigen von 37,3 auf ganze 50,1 % ge-

---

228 *https://epub.jku.at/obvulihs/download/pdf/7301994?originalFilename=true*

229 *https://curia.europa.eu/juris/document/document.jsf?text=&docid=192054&pageIndex=0&doclang=DE&mode=req&dir=&occ=first&part=1&cid=835102*

230 *https://www.ris.bka.gv.at/JudikaturEntscheidung.wxe?Abfrage=Vwgh&Dokumentnummer=JWR_1986090085_19861119X02*

231 *https://kurier.at/wissen/gesundheit/mehr-krankenstaende-vier-ursachen-fuer-mehr-als-zwei-drittel-verantwortlich/402053716*

232 *https://www.iges.com/kunden/gesundheit/forschungsergebnisse/2023/krankenstand-2022/index_ger.html*

233 *https://www.iges.com/kunden/gesundheit/forschungsergebnisse/2023/halbjahreskrankenstand/index_ger.html*

stiegen! In Österreich ist die Situation leider ähnlich. [234] Die Bevölkerung ist so häufig krank wie nie zuvor.

In den vergangenen zwei Jahren stiegen auch die Notarzteinsätze dramatisch an. [235] Dabei nahmen vor allem die Rettungseinsätze wegen Herzproblemen sowie Schlaganfällen stark zu. [236] In Israel mussten 2021 wesentlich mehr Notarzteinsätze wegen Herz-Notfällen bei jungen Israelis bis zum 39. Lebensjahr durchgeführt werden, und zwar um 25 % mehr. [237] Diese Zunahme war signifikant mit den ersten und zweiten COVID-19-Impfungen verbunden. Seit 2022 sind Thrombolytika (Medikamente bei Thromben, Herzinfarkten und Schlaganfällen) knapp, weil immer mehr Patienten diese Notfallmedikamente benötigen. [238] In Israel explodieren seit Beginn der Impfungen die dokumentierten Herzstillstände und Schlaganfälle. [239] Erinnern Sie sich noch? Israel wurde 2021 in den Mainstream-Medien zunächst als „Impfweltmeister" hochgelobt. Dort wurden die katastrophalen Wirkungen der Impfungen zuerst bemerkt. Und genau aus diesem Grund hört man seit 2022 in den Mainstream-Medien bezüglich COVID-19-Impfungen nichts mehr von Israel.

---

234 https://www.puls24.at/news/politik/2022-war-rekordjahr-fuer-krankenstaende/292396

235 https://kurier.at/chronik/burgenland/rotes-kreuz-starker-anstieg-bei-einsaetzen-hohe-nachfrage-bei-tafel/402336000

236 https://www.berliner-zeitung.de/news/berlin-feuerwehr-herzprobleme-und-schlaganfaelle-zahl-der-rettungseinsaetze-steigt-stark-an-li.222431

237 https://www.nature.com/articles/s41598-022-10928-z

238 https://www.bfarm.de/SharedDocs/Arzneimittelzulassung/Lieferengpaesse/DE/2022/info_tenecteplase_alteplase_20220427.pdf?__blob=publicationFile

239 https://israelab.substack.com/p/348-increase-in-cardiac-arrest-rate?utm_source=cross-post&publication_id=1584621&post_id=133505444&isFreemail=true&utm_campaign=1032096&utm_medium=email

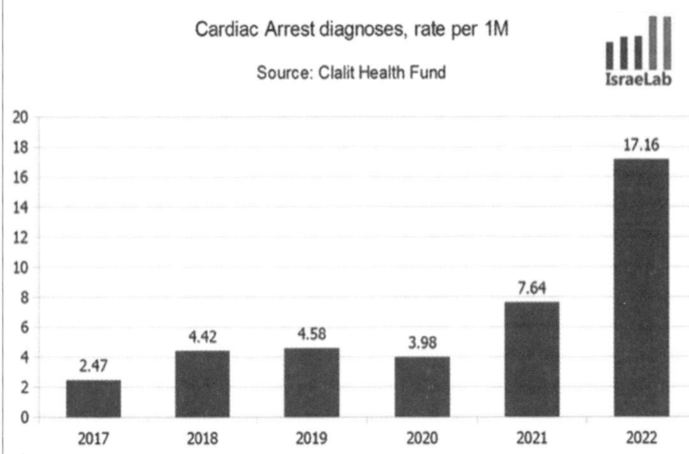

Cardiac arrest diagnoses, rate per 1 million. Source: Clalit Health Fund

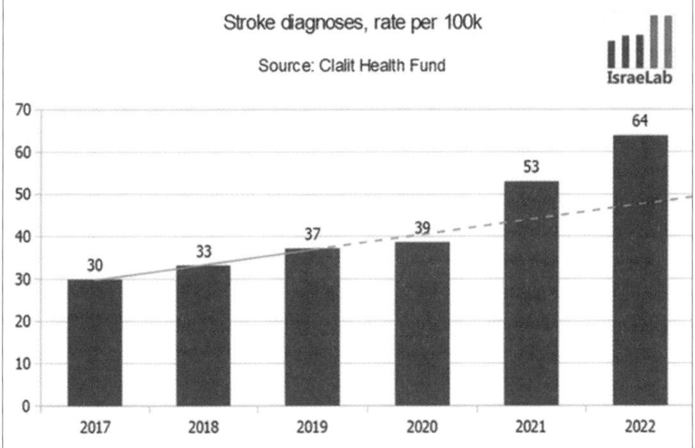

Seit Beginn der Impfungen in Israel ist die Zahl an Herzstillständen und Schlaganfällen explosionsartig gestiegen.

Die Geburtenzahlen sinken, die Sterbezahlen steigen

Seit 2021 nimmt die Zahl der Geburten massiv ab.[240, 241] Fehl- und Totgeburten steigen deutlich an.[242, 243] Auffallend dabei ist, dass die massiven Geburteneinbrüche rund neun Monate nach Beginn der Impfkampagne (im Januar 2021) und circa neun Monate nach Beginn der Booster-Kampagne (im Herbst/Winter 2021[244]) auftraten.[245]

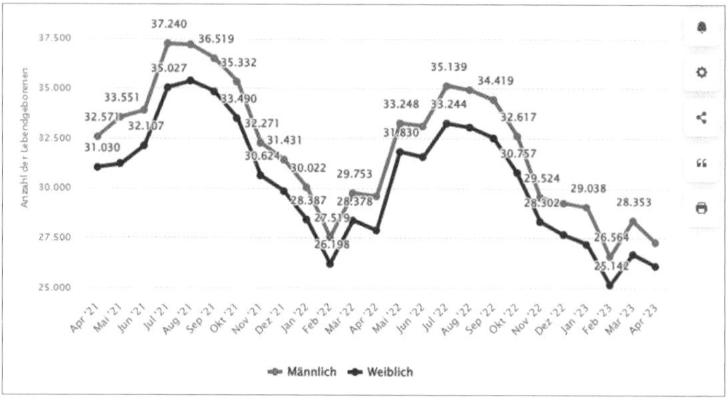

Anzahl der Lebendgeborenen in Deutschland nach Geschlecht von April 2021 bis April 2023

240 *https://www.derstandard.at/story/2000143725567/anstieg-bei-sterbe-faellen-und-rueckgang-bei-geburten-im-jahr-2022*

241 *https://www.tagesschau.de/inland/gesellschaft/geburten-rueckgang-deutsch-land-101.html*

242 *https://www.thegatewaypundit.com/2022/12/vaers-showing-4070-in-crease-miscarriages-stillbirths-since-mrna-roll/*

243 *https://www.focus.de/gesundheit/news/hoechste-rate-seit-ueber-20-jah-ren-immer-haeufiger-totgeburten-in-deutschland-das-sagen-experten_id_198368993.html*

244 *https://de.statista.com/statistik/daten/studie/1195116/umfrage/impfungen-gegen-das-coronavirus-in-deutschland-seit-beginn-der-impfkampagne/*

245 *https://de.statista.com/statistik/daten/studie/1247393/umfrage/monatliche-geburtenzahlen-in-deutschland-nach-geschlecht/*

Die COVID-19-Impfungen führen zu tiefgreifenden Schädigungen in der Typ-1 Interferon-Signalkette und damit bei der Kontrolle von Krebs durch das Immunsystem. [246] Nach den Impfungen kommt es des Weiteren zu einem Anstieg von IgG4-Antikörpern, was auch die Entstehung von Krebs fördern kann. [247] Generell wird das Immunsystem nach den COVID-19-Impfungen geschwächt. [248] Ärzte und Wissenschaftler aus der ganzen Welt warnen daher schon seit längerem vor einem Ansteigen der Krebserkrankungen durch die COVID-19-Impfungen. [249, 250, 251]

Normalerweise dauert es Monate bis Jahre, bis ein neu entstandener Krebs klinisch manifest wird, also auffällt. Dennoch berichten immer mehr Ärzte aus Europa und den USA, dass sie immer öfter mit steigenden Krebszahlen, vor allem bei Patienten unter 50 Jahren, konfrontiert sind. [252, 253, 254] Das Wachstumsmuster und das Verhalten dieser Krebsfälle ist völlig anders als bisher gewohnt. Ärzte sprechen daher von „Turbo-Krebs". [255, 256] Da junge Menschen normalerweise

246 *https://www.ncbi.nlm.nih.gov/pmc/articles/PMC9012513/*

247 *https://www.ncbi.nlm.nih.gov/pmc/articles/PMC10222767/#:~:text=Increased%20IgG4%20synthesis%20due%20to,autoimmune%20myocarditis%20in%20susceptible%20individuals.*

248 *https://www.medrxiv.org/content/10.1101/2021.05.03.21256520v1*

249 *https://report24.news/prof-bhakdi-erlaeutert-hintergruende-covid-impfung-und-beschleunigtes-krebswachstum/*

250 *https://www.extremnews.com/berichte/gesundheit/9dcd18523a6daf2*

251 *https://www.ncbi.nlm.nih.gov/pmc/articles/PMC9876036/*

252 *https://www.theepochtimes.com/health/mrna-covid-vaccines-may-be-triggering-aggressive-turbo-cancers-in-young-people-experts-5375766*

253 *https://report24.news/cnn-bericht-ueber-krebswelle-bei-juengeren-menschen-loest-verunsicherung-aus/*

254 *https://tkp.at/2023/05/19/anstieg-der-faelle-von-krebs-bei-juengeren-menschen-in-aller-welt/*

255 *https://etana.substack.com/p/turbo-cancer*

256 *https://report24.news/pfizer-turbokrebs-mehrere-studien-deuten-auf-gefahr-durch-mrna-spritzen-hin/*

nicht zur Krebsvorsorge kommen, sind die erhöhten Fallzahlen in dieser Bevölkerungsgruppe nicht auf verschobene Vorsorgeuntersuchungen zurückzuführen. In einer experimentellen Studie mit 14 Mäusen starb eine Maus nur zwei Tage nach der zweiten Impfung. Bei der Obduktion wurde ein B-Zell lymphoblastisches Lymphom diagnostiziert, eine schnell und aggressiv wachsende Krebsart.[257] Solche Tumoren wurden auch nach COVID-19-Impfungen bei Menschen gefunden.[258, 259, 260, 261]

Aber auch andere Krebsarten nehmen zu. Auswertungen der Daten des VAERS (Vaccine Adverse Event Reporting System) der USA zeigen, dass z. B. auch Magen-Darm-Krebs, Prostatakrebs, Brustkrebs, Lungenkrebs und Blutkrebs seit Beginn der COVID-19-Impfungen signifikant zunehmen. Außerdem sind Metastasen und Krebsformen mit tödlichem Ausgang häufiger.[262]

Die Folgen all dieser Zunahmen an schweren und schwersten Erkrankungen führen dazu, dass die Sterblichkeit in Deutschland und Österreich seit 2021 und 2022, seit Beginn der COVID-19-Impfungen, immer weiter zunimmt.[263] Es sterben immer mehr Menschen als statistisch zu erwarten, wir haben also eine deutliche Übersterblichkeit.[264]

---

257 https://www.ncbi.nlm.nih.gov/pmc/articles/PMC10183601/

258 https://www.ncbi.nlm.nih.gov/pmc/articles/PMC9377515/

259 https://www.ncbi.nlm.nih.gov/pmc/articles/PMC9316988/

260 https://www.ncbi.nlm.nih.gov/pmc/articles/PMC9377515/

261 https://onlinelibrary.wiley.com/doi/10.1111/jdv.18136

262 https://tkp.at/2023/03/15/vaers-daten-belegen-turbokrebs-6-metastasen-und-uebersicht/

263 https://de.statista.com/statistik/daten/studie/298635/umfrage/oesterreich-anzahl-der-todesfaelle-seit-1945/

264 https://report24.news/explosive-studie-zur-uebersterblichkeit-in-deutschland-wissenschaftler-attestiert-politisches-versagen/

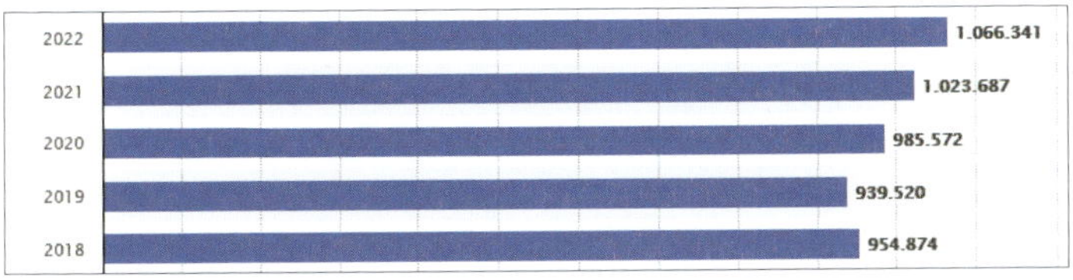

Quelle: https://de.statista.com/statistik/daten/studie/156902/umfrage/sterbefaelle-in-deutschland/

Eine Studie zur Übersterblichkeit in Deutschland kommt zu erschreckenden Ergebnissen: In den Monaten mit einer hohen Zahl an Erst-, Zweit- und Drittimpfungen war auch eine hohe Gesamt-Übersterblichkeit zu beobachten. Besonders ausgeprägt war der zeitliche Zusammenhang zwischen Impfverläufen und Übersterblichkeit nach der dritten Impfung.

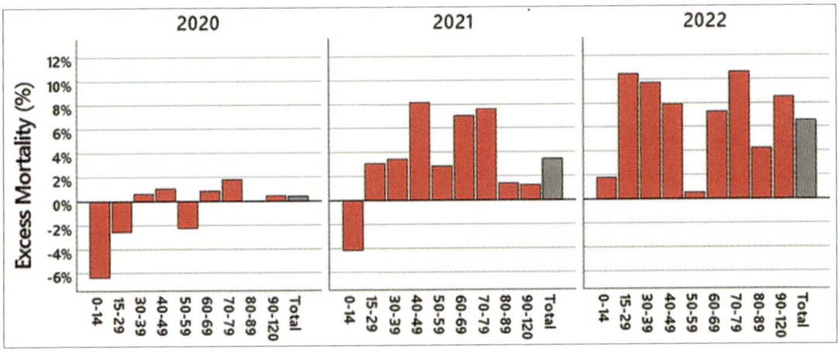

Quelle: https://www.cureus.com/articles/149410-estimation-of-excess-mortality-in-germany-during-2020-2022#!/

Übersterblichkeit in Deutschland 2020 bis 2022. Rote Balken: Übersterblichkeiten. Graue Balken: Gesamt-Übersterblichkeiten in den Jahren 2020 bis 2022, die deutlich zunahmen.

Mit dem Beginn der COVID-19-Impfkampagne im Jahr 2021 wurde vor allem in jenen Monaten, in denen viele Personen geimpft wurden, eine höhere Übersterblichkeit als 2020, dem Jahr der COVID-19-Pandemie ohne Impfungen, registriert.

Im Jahr 2022, als weite Teile der Bevölkerung zwei- oder sogar dreifach geimpft waren, stieg die Übersterblichkeit weiter an.[265]

Dem ist nichts hinzuzufügen. Das ist die von den Regierungen angekündigte, mit allen Mitteln durchgesetzte, brutale „neue Normalität": Immer mehr Tote und Kranke!

265 *https://www.cureus.com/articles/149410-estimation-of-excess-mortality-in-germany-during-2020-2022#!/*

Impfopfer – belogen, betrogen und im Stich gelassen

Impfschäden bestritten und verharmlost

Über Nebenwirkungen und Schäden nach den COVID-19-Impfungen wurde lange Zeit nicht gesprochen. [266] Laut etlichen Studien ist die Zahl der Impfopfer bis zu 40-mal höher als offiziell erfasst. [267] Die Impfgefahren wurden aber vertuscht. [268] Viele Menschen glaubten daher der vielversprechenden Impfwerbung und ließen sich mehrfach impfen.

Den Impf-Geschädigten hilft es leider nicht, wenn jetzt etliche „Experten" nichts mehr von ihren Empfehlungen und ihrer Werbung wissen wollen. Der Wiener Infektiologe Christoph Wenisch, der die österreichische Bundesregierung an prominenter Stelle beraten hatte, gestand im Nachhinein, dass er sich „mehr noch gegen die Impfpflicht wehren hätte sollen". [269] Es tut ihm jetzt auf einmal leid, dass man nicht alle Register gezogen und sich die Impfpflicht erspart habe. Demgegenüber schrieb etwa die Austria Presse Agentur Folgendes über einen „Experten-Gipfel" zur Impfpflicht: „Vor Beginn der Gespräche hatten sich schon SPÖ-Chefin Pamela Rendi-Wagner, Infektiologe Christoph Wenisch und Medizinrechtsexperte Karl Stöger explizit für die Impfpflicht

---

266 *https://www.cicero.de/kultur/impfschaeden-aerzte-chat-nebenwirkung-schweigen*

267 *https://www.telepolis.de/features/Komplikationen-nach-Corona-Impfung-40-mal-hoeher-als-erfasst-7075316.html?seite=all*

268 *https://www.facebook.com/bild/videos/impf-gefahren-wurden-vertuscht-elke-bodderas-bei-viertel-nach-acht/919264025971523/*

269 *https://derstatus.at/corona/system-experte-rudert-zuruck-infektiologe-wenisch-geht-zur-impfpflicht-auf-abstand-1502.html*

ausgesprochen. Sie sei der einzige Weg, um die Pandemie in den Griff zu bekommen.“ [270] So sieht „Sich-wehren“ wohl nicht aus, denn noch im September 2022 hatte der Corona-Spezialist eine Auffrischungsimpfung alle sechs Monate empfohlen! [271]

05.09.2022, 12:19

Experte empfiehlt: "Alle sechs Monate impfen"

Quelle: https://kurier.at/wissen/gesundheit/corona-spezialist-christoph-wenisch-alle-sechs-monate-impfen/402132858

Das „Robert Koch-Institut“ schrieb am 18. September 2023 auf seiner Homepage allen Ernstes: „Wie bei jeder Impfung

---

270 https://science.apa.at/power-search/601937118006908086

271 https://kurier.at/wissen/gesundheit/corona-spezialist-christoph-wenisch-alle-sechs-monate-impfen/402132858

können auch nach der COVID-19-Impfung mit monovalenten oder bivalenten mRNA-Impfstoffen Impfreaktionen und unerwünschte Wirkungen auftreten. Diese treten in der Regel kurz nach der Impfung auf und klingen innerhalb weniger Tage ab. Zeitlich verzögerte unerwünschte Wirkungen, die erst lange Zeit nach der Impfung auftreten, sind nicht bekannt und sind nicht zu erwarten.“ [272] Eine solche Unverfrorenheit muss man sich – angesichts von Millionen offiziell gemeldeter Impfnebenwirkungen und Zigtausenden von Impf-Toten allein in Europa – erst einmal vorstellen.

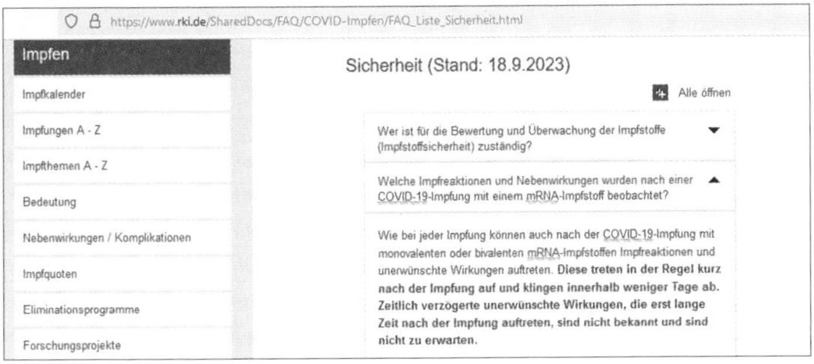

Quelle: https://www.rki.de/SharedDocs/FAQ/COVID-Impfen/FAQ_Liste_Sicherheit.html

Versöhnungsprozess – ohne die Opfer der verfehlten Coronapolitik?

Im März 2023 versprach der deutsche Gesundheitsminister den Impfopfern plötzlich Hilfe nach Impfschäden. [273] Es gibt sie demnach jetzt also doch – hochoffiziell sogar, die Nebenwirkungen und Langzeitfolgen. Die österreichische

272 *https://www.rki.de/SharedDocs/FAQ/COVID-Impfen/FAQ_Liste_Sicherheit.html*

273 *https://www.zdf.de/nachrichten/politik/corona-hilfe-impfschaeden-long-covid-lauterbach-100.html*

Regierung verkündete gar eine Aufarbeitung der gesellschaftlichen Folgen der COVID-19-Pandemie. Man sprach von „Versöhnung“.[274] Vorgestellt wurde diese „Versöhnungsoffensive“ von den Corona-Hardliner-Ministern Johannes Rauch, Karoline Edtstadler und Martin Polaschek.

Schnell zeigte sich jedoch, was die Regierung wirklich beabsichtigt: Man möchte nicht etwa die Folgen der Corona-Maßnahmen untersuchen und echtes Verständnis für die Nöte der Bevölkerung entwickeln, sondern vielmehr die Polarisierung, „politische Zielkonflikte“ („welche Dialogmöglichkeiten man vielleicht verpasst hat“), die Politikberatung, die öffentliche Kommunikation sowie die Wissenschaftsskepsis untersuchen. Anhand einer soziologisch-politischen Analyse möchte man also herausfinden, wie man künftig die wissenschaftsskeptischen, sprich widerspenstigen und polarisierten Menschen, dazu überreden und bewegen kann, sich gefälligst an die Kommunikation der Regierung zu halten. Kostenpunkt: 545.000 Euro aus Steuergeldern unter Miteinbeziehung eines internationalen Beirates, dem u. a. die höchst umstrittene deutsche Ethikrat-Vorsitzende Alena Buyx angehört.[275, 276] Von vielen Menschen wird dieses Top-down-Vorgehen der Regierung als „Verhöhnungsprozess“ wahrgenommen. Die Verpackung verspricht hier etwas ganz anderes, als der Inhalt hergibt. Die Kritik am Corona-Missmanagement wird nicht berücksichtigt.[277] Die Impfopfer werden weiterhin allein gelassen.[278]

---

274 https://orf.at/stories/3314959/

275 https://www.kleinezeitung.at/politik/innenpolitik/6283449/Graeben-zu-schuetten_Akademie-der-Wissenschaft-soll-CoronaPolitik

276 https://www.handelsblatt.com/politik/deutschland/digitalisierung-des-gesundheitswesens-uninformiert-und-schwer-ertraeglich-datenschuetzer-attackiert-ethikrat-chefin/28857782.html

277 https://ggi-initiative.at/wp/pm-24-der-versoehnungsprozess-wird-zur-verhoehnung-regierung-verspielt-letzte-chance/

278 https://www.long-covid.at/impfkomplikation-long-covid-nach-impfung.html

GGI
ggi-initiative.at
Über uns Projekte Blog Wissenswertes Veranstaltungen

PM: #24 Der Versöhnungsprozess wird zur Verhöhnung – Regierung verspielt letzte Chance

Quelle: https://ggi-initiative.at/wp/pm-24-der-versoehnungsprozess-wird-zur-verhoehnung-regierung-verspielt-letzte-chance/

Zwei Einzelschicksale, die für viele stehen

Ein 27-jähriger Mann wurde dreimal gegen COVID-19 geimpft (mit den Impfstoffen von Moderna und BioNTtech/Pfizer). Davor war er ein kerngesunder Sportler gewesen, der sich regelmäßig gesundheitlich untersuchen ließ und bis dahin immer unauffällige Befunde gehabt hatte. Im August 2022 erkrankte er urplötzlich und ohne jede Vorwarnung schwer. Er musste wegen einer hypertensiven Krise, wegen eines Notfalls mit massiv erhöhten Blutdruckwerten, in ein Krankenhaus eingeliefert werden. In weiterer Folge wurden ein Nierenversagen im Endstadium und eine generalisierte Entzündung der Gefäße im ganzen Körper festgestellt. Diese Erkrankungen sind bereits als Nebenwirkungen der COVID-19-Impfungen in zahlreichen medizinisch-wissenschaftlichen Publikationen beschrieben. Die schwere Erkrankung wurde dem „Bundesamt für Sicherheit im Gesundheitswesen" ordnungsgemäß, mit dem amtlichen Meldeformular für Nebenwirkungen bei Pandemie-Impfstoffen, gemeldet.

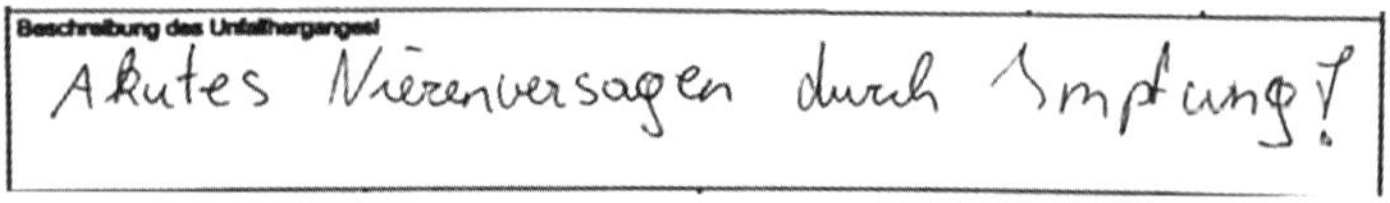
Beschreibung des Unfallherganges!
Akutes Nierenversagen durch Impfung!

Auszug aus der Meldung des Patienten an die Versicherung

Der vor der COVID-Impfung gesunde junge Mann muss seitdem laufend medizinisch behandelt und dreimal die Woche dialysiert werden. Er kann seinen Beruf nicht mehr ausüben und sein Leben nicht mehr so führen wie bisher. Derzeit ist er immer noch im Krankenstand und wartet auf eine Nierentransplantation. Um eine Entschädigung nach dem Impfschadengesetz hat der Patient angesucht, aber bisher noch keinerlei Mittel erhalten.

Ein 49-jähriger, sehr sportlicher Mann wurde zwei Mal mit dem Impfstoff von BioNTech/Pfizer geimpft. Ab der zweiten Impfung war er stark geschwächt und antriebslos, was davor in seinem Leben nicht vorgekommen war. Im Sommer 2022 war er zuerst Mountainbiken, dann Windsurfen. Danach musste er sich übergeben, er brach zusammen und konnte auch nach einer eineinhalbstündigen Reanimation nicht mehr wiederbelebt werden.

In einer österreichischen Pathologie wurde lapidar ein Herzinfarkt festgestellt. Die Mutter des Toten bestand aber darauf, dass Gewebsproben ihres toten Sohnes entnommen wurden. Diese schickte sie in eine deutsche Pathologie. Dort wurden spezielle Untersuchungen durchgeführt. Im Herzen und der Hauptschlagader des Patienten wurde das Spike-Protein nachgewiesen, nicht aber das Nukleokapsid des SARS-COV-2-Virus. Somit war der Tod des Mannes mit an hoher Sicherheit grenzender Wahrscheinlichkeit durch die COVID-19-Impfungen verursacht worden.

Interpretation: Es fanden sich schwerste Gefäßveränderungen, massive Mesaortitis und Koronararteritis. Zudem eine massive linksbetonte multifokal-konfluierende Myokarditis.

In den pathohistologisch entsprechend geschädigten Geweben des Herzens, der Koronararterien und der Aorta wurde zudem das Spike Protein immunhistochemisch nachgewiesen.

Mit an hoher Sicherheit grenzender Wahrscheinlichkeit war der Tod Folge der Corona-„Impfungen".

Auszug aus dem Pathologie-Befund des toten Patienten

Nichts kann den toten Mann wieder lebendig machen. Die Mutter beantragte, im Rahmen der Impfopferentschädigung wenigstens die Kosten für das Begräbnis ihres toten Sohnes erstattet zu bekommen.

Zu beiden Patienten liegt eine Einverständniserklärung vor, dass ihre Krankengeschichte sogar unter Nennung ihres Namens veröffentlicht werden darf. Es wurde jedoch dennoch davon Abstand genommen, damit sie und ihre Angehörigen nicht in der Öffentlichkeit attackiert werden können.

Die Impfopfer brauchen endlich Hilfe

Corona ist für viele Menschen vorbei – für Patienten mit Long-COVID oder Impfschäden (Post-Vac) aber ist die Krankheit immer noch furchtbar real! Und die Opfer werden nach wie vor allein gelassen und müssen – wie man an den angeführten Beispielen erkennen kann – lange um Hilfe und Gerechtigkeit kämpfen.[279] Ein massives Problem dabei ist, dass viele Menschen Long-COVID erst nach COVID-19-Impfungen entwickeln[280], also sogenannte „Impfversager" sind. Geimpfte, die Durchbruchsinfektionen erleiden, sind nicht vor der Entwicklung von Long-COVID-Symptomen geschützt, im Gegenteil.[281]

---

279 https://www.servustv.com/aktuelles/v/aabz1pa4b1429uar5f0d/

280 https://tkp.at/2022/05/29/impfung-schuetzt-nicht-vor-long-covid-studie-widerlegt-falsche-behauptungen/

281 https://www.nature.com/articles/s41591-022-01840-0

Da es noch keine langfristigen Erfahrungen mit den Krankheitsbildern nach COVID-19-Impfungen gibt, liegen weder standardisierte Therapien noch zugelassene Medikamente vor. Impfschäden werden nach wie vor häufig nicht anerkannt. Es gibt bis dato keine deutschsprachigen Leitlinien [282] und viel zu wenig Forschung in diesem Bereich, da Impfnebenwirkungen lange Zeit völlig geleugnet oder verharmlost wurden. Das ist ein kolossales Versagen der Zulassungs- und Aufsichtsbehörden sowie der medizinischen Forschung.

Es gibt ärztliche Behandlungsprotokolle

Doch was machen Ärzte seit Jahrtausenden, wenn sie vor einem neuen medizinischen Problem stehen und von der Politik im Regen stehen gelassen werden? Die kranken Patienten sind ja in ihren Ordinationen und Krankenhäusern und brauchen Hilfe. Ärzte beobachten daher, sie sammeln Daten, werten diese aus, besprechen sich mit Kollegen, diskutieren auf Kongressen [283], probieren neue Behandlungen aus, wenn bisherige nicht greifen und verfassen Empfehlungen und Orientierungshilfen. [284] Und dann schließen sich Ärzte, Forscher und echte Experten international zusammen und verfassen erste Protokolle und Leitlinien. Und genau das passiert nun auch zunehmend. [285] Es gibt mittlerweile englischsprachige Protokolle für die Behandlung von Long-COVID und Post-Vac. [286] Wie gesagt, erschwert wird die Behandlung durch die Tatsache, dass viele Long-COVID-Patienten zuvor geimpft wurden und die Impfschäden dann oft erst durch eine

---

282 *https://www.rnd.de/gesundheit/post-vac-syndrom-symptome-ursache-behandlung-was-wir-derzeit-wissen-und-was-nicht-AGEZM4TVZFEDNJOWL5BVQMGCCQ.html*

283 *https://impfausleitungskongress.clicksummits.com/impfausleitungskongress/landingpage/*

284 *https://www.hackenberg-hm.de/c-downloads/Orientierungshilfe-Post-Vac.pdf*

285 *https://covid19criticalcare.com/treatment-protocols/*

286 *https://covid19criticalcare.com/treatment-protocols/*

COVID-19-Durchbruchsinfektion entstanden oder durch sie verschlimmert wurden. Tatsache ist aber jedenfalls, dass immer mehr Ärzte sich intensiv mit der Behandlung von Impfschäden befassen, sich weiterbilden und vernetzen.

Die Front Line COVID-19 Critical Care Alliance (FLCCC) betont, wie wichtig eine frühzeitige Behandlung ist. Es bilden sich immer mehr Selbsthilfegruppen für Impfopfer, die sich untereinander vernetzen, Kontakte zu behandelnden Ärzten aufbauen und so auch anderen Betroffenen Hilfe anbieten können. [287, 288, 289, 290] Impfgeschädigte, die keine adäquate Hilfe von ihrem Arzt erhalten, sollten daher solche Selbsthilfegruppen kontaktieren, um Kontakte zu behandelnden Ärzten vermittelt zu bekommen und sich helfen lassen zu können. Das nützt allen Betroffenen, denn die Krankheitsbilder und Daten können auf diese Weise viel besser und in einem weit größeren Umfang erfasst werden.

---

287 *https://chronischkrank.at/unsere-selbsthilfegruppen/post-vac-syndrom-austria/*

288 *https://www.impfopfer.info/*

289 *https://www.postvacsyndrom-selbsthilfe.de/shgruppen.html*

290 *https://www.info-coverse.com/*

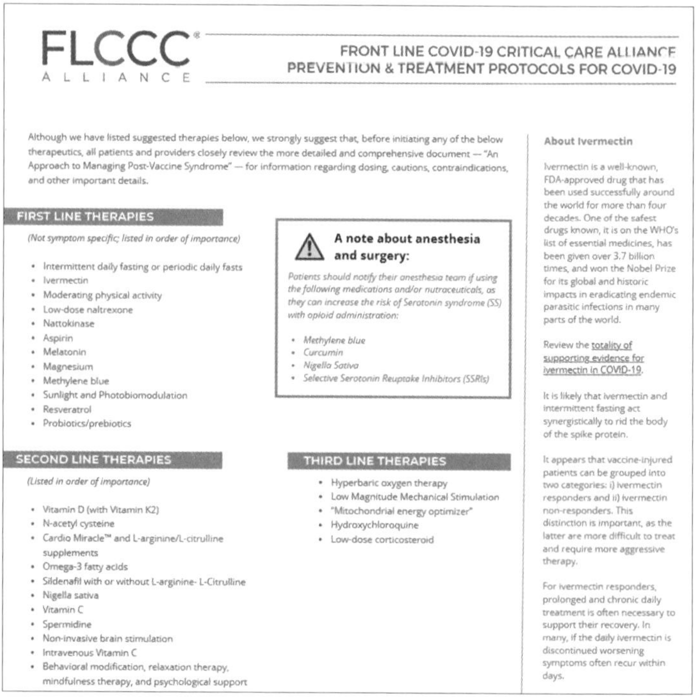

FLCCC ALLIANCE

FRONT LINE COVID-19 CRITICAL CARE ALLIANCE
PREVENTION & TREATMENT PROTOCOLS FOR COVID-19

Although we have listed suggested therapies below, we strongly suggest that, before initiating any of the below therapeutics, all patients and providers closely review the more detailed and comprehensive document — "An Approach to Managing Post-Vaccine Syndrome" — for information regarding dosing, cautions, contraindications, and other important details.

FIRST LINE THERAPIES

(Not symptom specific; listed in order of importance)

- Intermittent daily fasting or periodic daily fasts
- Ivermectin
- Moderating physical activity
- Low-dose naltrexone
- Nattokinase
- Aspirin
- Melatonin
- Magnesium
- Methylene blue
- Sunlight and Photobiomodulation
- Resveratrol
- Probiotics/prebiotics

A note about anesthesia and surgery:

Patients should notify their anesthesia team if using the following medications and/or nutraceuticals, as they can increase the risk of Serotonin syndrome (SS) with opioid administration:

- *Methylene blue*
- *Curcumin*
- *Nigella Sativa*
- *Selective Serotonin Reuptake Inhibitors (SSRIs)*

SECOND LINE THERAPIES

(Listed in order of importance)

- Vitamin D (with Vitamin K2)
- N-acetyl cysteine
- Cardio Miracle™ and L-arginine/L-citrulline supplements
- Omega-3 fatty acids
- Sildenafil with or without L-arginine- L-Citrulline
- Nigella sativa
- Vitamin C
- Spermidine
- Non-invasive brain stimulation
- Intravenous Vitamin C
- Behavioral modification, relaxation therapy, mindfulness therapy, and psychological support

THIRD LINE THERAPIES

- Hyperbaric oxygen therapy
- Low Magnitude Mechanical Stimulation
- "Mitochondrial energy optimizer"
- Hydroxychloroquine
- Low-dose corticosteroid

About Ivermectin

Ivermectin is a well-known, FDA-approved drug that has been used successfully around the world for more than four decades. One of the safest drugs known, it is on the WHO's list of essential medicines, has been given over 3.7 billion times, and won the Nobel Prize for its global and historic impacts in eradicating endemic parasitic infections in many parts of the world.

Review the totality of supporting evidence for ivermectin in COVID-19.

It is likely that ivermectin and intermittent fasting act synergistically to rid the body of the spike protein.

It appears that vaccine-injured patients can be grouped into two categories: i) ivermectin responders and ii) ivermectin non-responders. This distinction is important, as the latter are more difficult to treat and require more aggressive therapy.

For ivermectin responders, prolonged and chronic daily treatment is often necessary to support their recovery. In many, if the daily ivermectin is discontinued worsening symptoms often recur within days.

Auszug aus dem Post-Vac-Behandlungsprotokoll der Front Line COVID-19 Critical Care Alliance (FLCCC)

Den Impfopfern steht finanzielle Entschädigung zu

Des Weiteren ist es notwendig, dass Impfopfer ihre Rechte auf staatliche finanzielle Entschädigung in Anspruch nehmen und Anträge auf Schadenersatz durch den Staat stellen. Das erfolgt in Österreich beim Sozialministeriumservice (https://www.sozialministeriumservice.at/Finanzielles/Sozialentschaedigungen/Impfschaeden/Impfschaeden.de.html) und in Deutschland bei den Versorgungsämtern der Bundesländer.[291] Die Entschädigung der Impfopfer läuft sehr schleppend an.[292] Während für Impfstoffe frei nach dem Motto „Koste es, was es wolle!" Milliarden ausgegeben wurden, passiert bei den Entschädigungszahlungen an Impfopfer exakt das Gegenteil! Nichtsdestotrotz ist es enorm wichtig, dass die Impfopfer ihre Rechte einfordern und sie auch bekommen. Zudem können so annähernd offizielle Daten darüber gesammelt werden, wie viele Menschen nach Impfungen erkrankt oder gestorben sind - und es ist für die Politik und ihre bürokratischen Einrichtungen umso weniger leicht möglich, Impfopfer zu übergehen, je mehr Betroffene sich zusammentun und Schadenersatz fordern.

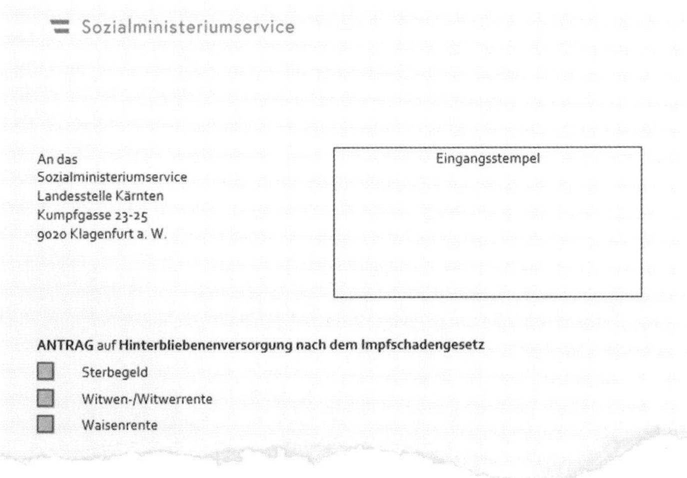

Sozialministeriumservice

An das
Sozialministeriumservice
Landesstelle Kärnten
Kumpfgasse 23-25
9020 Klagenfurt a. W.

Eingangsstempel

ANTRAG auf **Hinterbliebenenversorgung nach dem Impfschadengesetz**

- Sterbegeld
- Witwen-/Witwerrente
- Waisenrente

Auszug aus dem Österreichischen Antragsformular für Hinterbliebenenversorgung bei toten Angehörigen nach einer COVID-19-Impfung

291 *https://www.t-online.de/gesundheit/aktuelles/id_100229460/impfschaden-so-stellen-sie-ihren-antrag-auf-entschaedigung.html*

292 *https://www.spiegel.de/panorama/gesellschaft/mutmassliche-impfopfer-der-schwierige-kampf-um-anerkennung-a-cfaab41b-8c7b-4f5d-abef-530dd0b9f1c*

Das große Problem von Langzeitfolgen durch COVID-Impfungen

Ein weiteres Problem, das bislang noch kaum von Politik, Medien und Medizin realisiert wird, ist die zu erwartende Welle an Langzeitschäden nach Impfungen. Seit Beginn der Impfungen 2021 steigt beispielsweise in den USA die Zahl an Menschen mit Behinderungen rapide an [293] – die Zahl hat sich um vier Millionen erhöht. Darüber hinaus gibt es einen massiven Zuwachs an Krebserkrankungen. [294, 295]

Der langjährige Leiter des Instituts für Pathologie und Mikrobiologie des Krankenhauses Amstetten, Primarius Dr. Helmut Luck, spricht dieses Problem offen an und bestätigt diese schlimmen Daten. Er beantwortete zwei an ihn gestellte Fragen wie folgt:

Frage 1: Hat sich das Krankengut in Ihrer pathologischen Abteilung seit 2020 oder 2021 geändert? Wenn ja, in welcher Form? Welche Erkrankungen treten nach Ihrer Beobachtung vermehrt auf?

Prim. Dr. Luck: Meiner Beobachtung zufolge treten vermehrt Neoplasien (Anmerkung: Krebs) auf, wobei mir insbesondere bei Carcinomen aufgefallen ist, dass wir sehr viele G3-Carcinome (Anmerkung: schlecht differenzierte aggressive bösartige Tumoren) haben. Ich werde versuchen, eine diesbezügliche Auswertung zu machen. Leider gibt es bis dato kaum brauchbare Daten bei der Statistik Austria. Die Krebsstatistik endet mit 2020 (!!!), eine österreichweite Todesursachenstatistik ist überhaupt nicht

293 *https://report24.news/usa-seit-impfbeginn-steigen-die-zahlen-von-menschen-mit-behinderung-rapide/*

294 *https://report24.news/prof-bergholz-ueber-aktuelle-statistiken-in-usa-fuenf-prozent-krebsfaelle-nach-impfungen/*

295 *https://tkp.at/2021/10/15/erhoehte-krebsgefahr-durch-covid-impfungen/*

zu finden. Lediglich bei den Spitalsentlassungen existiert eine Statistik mit Entlassungsdiagnosen, die allerdings 2021 aufhört. Mit der Auswertung dieser Daten bin ich gerade beschäftigt.

Frage 2: Ist aufgrund Ihrer Daten ein Register zur genauen Erfassung von Impfschäden und Impftoten notwendig? Wenn ja, warum gibt es so etwas bis jetzt Ihrer Meinung nach nicht?

Prim. Dr. Luck: Aus meiner Sicht werden viele Impfschäden zu Long-COVID umetikettiert. Das gelingt umso leichter, als tatsächlich sehr viele Geimpfte an Corona erkranken. Ärgerlich ist insbesondere, dass den Behörden sehr, sehr viele Daten vorliegen, diese uns aber nicht zur Verfügung gestellt werden, z. B. der Impfstatus bei den Verstorbenen. Hier wäre eine Einteilung in folgende Klassen sinnvoll:

- *ungeimpft*
- *1x geimpft*
- *2x geimpft*
- *mehr als 2x geimpft*
- *zeitlicher Abstand zwischen Impfung und Ableben*

Die Daten, wie z. B. der Todeszeitpunkt, die auf dem Totenschein vermerkte Todesursache, das Alter, das Geschlecht sowie der Impfstatus sind den Behörden allesamt bekannt. Für einen Statistiker wäre es ein Leichtes, eine Impfsterblichkeitsstatistik zu erstellen. Damit könnte das Establishment die behauptete Ungefährlichkeit der Impfung stringent belegen. Da jedoch eine solche Statistik nicht angelegt wurde, ist davon auszugehen, dass das Resultat dem Establishment nicht passt.

Wir beginnen gerade erst langsam zu erkennen, was für eine Lawine an verheerenden Folgen der „neuen Normalität“ auf uns zurollt.

Der größte Menschenversuch aller Zeiten
Die Büchse der Pandora

Ein Menschenversuch, auch als Humanexperiment bezeichnet, ist ein an Menschen ausgeführtes wissenschaftliches Experiment. Bei neuen Arzneimitteln – z. B. Impfungen – sind begrenzte Menschenversuche im Rahmen klinischer Studien zulässig und vorgeschrieben, ehe ein Medikament *in der allgemeinen Bevölkerung* angewendet werden darf.[296] Es gibt aber in der Geschichte nicht wenige Beispiele von Versuchen, die gegen den Willen von Menschen, ohne deren Wissen oder nach bewusst unzureichender oder gänzlich fehlender Information durchgeführt wurden. Man denke dabei nur an die unvorstellbar grausamen Versuche von Ärzten an KZ-Insassen im Dritten Reich[297] oder die geheimen rassistischen Syphilis-Menschenversuche an Afro-Amerikanern in Alabama, die Tuskegee-Syphilis-Studie.[298]

Menschenversuche gehören zu den dunkelsten Kapiteln der medizinischen Forschung. Leider wird nun gerade ein neues Kapitel geschrieben, das alles Bisherige an Schrecklichem noch bei weitem übertrifft.

---

296 *https://www.spektrum.de/video/medikamententests-versuchsobjekt-mensch/1613422*

297 *https://www.spiegel.de/geschichte/ns-aerzte-experimente-an-kz-insassen-a-1080450.html*

298 *https://dash.harvard.edu/bitstream/handle/1/3372911/Brandt_Racism.pdf?isAllowed=y&sequence=1*

Geleakte Impfstoff-Verträge zwischen BioNTech/Pfizer und der EU

Seit kurzem ist bekannt, dass der erste geheime Vertrag zwischen der EU und dem Impfstoffhersteller-Konsortium BioNTech/Pfizer geleakt wurde.[299] Er kann unter anderem auf der Homepage der RAI (Radiotelevisione Italiana) nachgelesen werden:

https://www.rai.it/dl/doc/2021/04/17/1618676600910_APA%20BioNTech%20Pfizer__.pdf

Dass die Impfstoffe nicht nur unzureichend getestet und geprüft, sondern auch viel zu schnell und überhastet zugelassen wurden, ist längst bekannt. Warum die EU-Kommission und die Regierungen der EU-Mitgliedsstaaten sich kategorisch weigerten, den Vertrag mit dem Konsortium BioNTech/Pfizer offenzulegen, ist nun klar, denn in diesem Vertrag kann jeder nachlesen, wie kaltschnäuzig und bedenkenlos die EU-Kommission und die Regierungen der EU mit dem Leben ihrer 451 Millionen Bürger gespielt haben.

---

299 *https://tkp.at/2023/10/26/ungeschwaerzter-vertrag-eu-pfizer-wirksamkeit-nebenwirkung-und-langzeitfolgen-unbekannt/*

Das „Advance Purchase Agreement“ (APA) zwischen EU und BioNTech/Pfizer

Dieser Vertrag wurde von der Gesundheitskommissarin, Stella Kyriakides, und der Impfstoff-Präsidentin von Pfizer, Nanette Cocero, am 20. 11. 2020 unterschrieben. Und sein Inhalt ist eine Bombe!

EUROPEAN COMMISSION
Directorate-General for Health and Food Safety

ADVANCE PURCHASE AGREEMENT ("APA")[1] for the development, production, priority-purchasing options and supply of a successful COVID-19 vaccine for EU Member States

SANTE/2020/C3/043 - SI2.838335

1. **The European Commission**, acting on behalf and in the name of the Member States set out in Annex III (hereinafter referred to as "Participating Member States"),[2]:

being represented for the purposes of the signature of this APA by Ms Stella Kyriakides, Commissioner of Health and Food Safety

on the one part and

2. **Pfizer Inc.**

Incorporated in Delaware (Registration Number 0383418) with its registered address at 235 East 42nd Street, 10017 New York City, NY (UNITED STATES)

appointed as the leader of the group by the members of the group that submitted the joint tender (hereinafter referred to as **"Pfizer"**)

and

BioNTech Manufacturing GmbH

Registered with the commercial register of the lower court (*Amtsgericht*) of Mainz, Germany under HRB 47548, with its registered address at An der Goldgrube 12, 55131 MAINZ, GERMANY

(hereinafter referred to as **"BioNTech"**)

as a member of the group (collectively '**the Contractor'**), represented for the purposes of the signature of this APA which has the form of a framework contract by Nanette Cocero, President of Vaccines, Pfizer Inc.

on the other part,

Quelle: Screenshot, „Advance Purchase Agreement“ (APA) zwischen EU und BioNTech/Pfizer

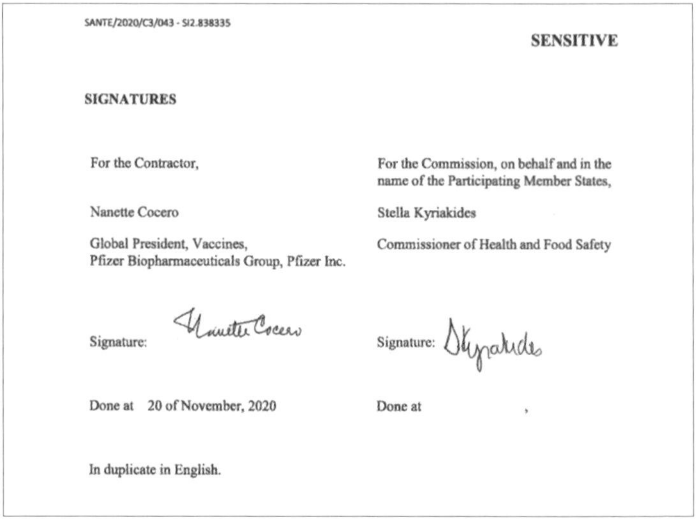

SANTE/2020/C3/043 - SI2.838335

SENSITIVE

SIGNATURES

For the Contractor,

Nanette Cocero

Global President, Vaccines,
Pfizer Biopharmaceuticals Group, Pfizer Inc.

Signature:

Done at 20 of November, 2020

For the Commission, on behalf and in the name of the Participating Member States,

Stella Kyriakides

Commissioner of Health and Food Safety

Signature:

Done at ,

In duplicate in English.

Quelle: Screenshot, Unterschriften im APA zwischen EU und BioNTech/Pfizer am 20.11.2020

Das „Advance Purchase Agreement" und seine unfassbaren Details

Im APA wurde am 20.11.2020, also wenige Wochen bevor der Impfstoff von der Europäischen Arzneimittelbehörde (EMA) zugelassen wurde, zwischen der EU und BioNTech/Pfizer eine „bedingte Zulassung" vereinbart (siehe dazu Seite 6 des Vertrages). Interessanterweise wurde auf Seite 13 vereinbart, dass der Vertrag gekündigt werden könnte, wenn die Zulassung nicht bis spätestens 15.08.2021 erfolgt wäre. Es wurde also faktisch der EMA eine Frist für die Zulassung gesetzt, sonst wäre der Vertrag im Nachhinein geplatzt.

Bei der Zulassung des COVID-19-Impfstoffes wurde also nicht der „normale" Weg beschritten. Der Impfstoff wurde nicht getestet und von der EMA unabhängig geprüft, ehe er zugelassen und dann verkauft wurde. Nein, es lief genau umgekehrt: Die durch die EU-Kommission vertretene Politik und die Pharmaindustrie schlossen Wochen vor der Zulassung des Impfstoffes Kaufverträge mit einer bedingten Zulassung ab, und die EMA lieferte fristgerecht und schnell das Gewünschte und Unterschriebene.[300] Allein das ist schon ein unfassbarer Vorgang!

Doch das ist noch lange nicht alles! Auf Seite 15 stimmte die EU-Kommission allen Ernstes zu, dass die Anstrengungen von BioNTech/Pfizer, den Impfstoff zu entwickeln und zu produzieren, ehrgeizig sowie „signifikant riskant" und „unsicher" sind. Das muss man sich auf der Zunge zergehen lassen: Die EU-Kommission akzeptiert die hohen Risiken und Unsicherheiten bei der Herstellung des Impfstoffes! Das ist de facto ein Persilschein für etwaige Mängel bei der Impfstoffproduktion.

Und genau solche sind ja mittlerweile hinlänglich bekannt: Der Impfstoff von BioNTech/Pfizer enthält schwankende Mengen von intaktem Impfstoff und undefinierte RNA-Bruchstücke[301], giftige und krebserregende Nanolipide[302] und sogar DNA, was nie hätte passieren dürfen und was zu schwerwiegenden medizinischen Folgen führen kann. Fremde DNA kann in beachtlichem Ausmaß in das Erbgut von Zellen eingebaut werden.[303] Damit besteht bei jedem mRNA-COVID-19-Geimpften das Risiko, dass eine größere Zahl seiner Körperzellen eine permanente „Umprogrammierung"

300 https://www.pei.de/DE/newsroom/hp-meldungen/2020/201221-europaeische-kommission-erteilt-zulassung-covid-19-impfstoff-biontech-pfizer-eu.html

301 https://tkp.at/2023/01/23/wer-die-schlechteste-qualitaet-bei-mrna-vakzinen-bekommt-florian-schilling-im-video/

302 https://auf1.info/dr-hannes-strasser-die-covid-19-impfstoffe-sind-giftig/

303 https://www.nature.com/articles/s41598-023-33862-0

erfahren hat, also eine Mutation. Die Folgen können dramatisch sein: Krankheiten aller Art, Krebs, Zelltod, Erbschäden, Tod von Ungeborenen und so weiter.[304] Und genau all das beobachten wir ja seit Einführung der Impfungen.

Mit Kenntnis dieser Daten ist auch ein weiteres erschreckendes Phänomen erklärbar. Jeder zweite mRNA-Geimpfte produziert dauerhaft künstlich hergestellte Spike-Proteine.[305] Die mRNA-COVID-19-Impfungen verändern erwiesenermaßen für lange Zeit den Stoffwechsel und den Körper von Geimpften – wieder mit unabsehbaren Folgen.

Health Canada, die offizielle Gesundheitsbehörde Kanadas, bestätigte erst kürzlich, dass sogar eine DNA-Sequenz des Simian-Virus-40 im Impfstoff von BioNTech/Pfizer gefunden wurde.[306] Zur Erklärung: Das ist ein DNA-Tumor-Virus, welches vom Affen stammt und beim Menschen verschiedene Arten von Krebs auslösen kann.[307]

Außerdem ist längst bekannt, dass sich einzelne Impfstoff-Chargen in Bezug auf deren Gefährlichkeit stark unterscheiden.[308] In einer dänischen Studie wurden drei Chargen (Produktionseinheiten) des BioNTech/Pfizer-Impfstoffes hinsichtlich der Häufigkeit von Nebenwirkungen untersucht.[309] Das Ergebnis war erschreckend: Bei einer ungefährlichen Charge (GELB in der folgenden Tabelle) gab es so gut wie keine Nebenwirkungen, bei einer gefährlicheren Charge (GRÜN) traten messbar mehr Nebenwirkungen auf. Die gefährlichste Charge

---

304 https://report24.news/studie-behauptet-bis-zu-20-integration-therapeutischer-transgene-in-menschliche-dna/

305 https://pubmed.ncbi.nlm.nih.gov/37650258/

306 https://archive.ph/nteL8

307 https://www.ncbi.nlm.nih.gov/pmc/articles/PMC6669359/

308 https://report24.news/besonders-toedliche-impfchargen-wurden-seltener-verspritzt-wer-wusste-bescheid/

309 https://onlinelibrary.wiley.com/doi/10.1111/eci.13998

(BLAU) machte nicht einmal fünf Prozent aller Impfungen aus, steht aber mit fast 50 Prozent aller gemeldeten Impf-Todesfälle in Zusammenhang. Um es ganz klar auszudrücken: Wer Glück hat, erhält eine relativ ungefährliche BioNTech/Pfizer-Impfung, wer Pech hat, eine extrem gefährliche.

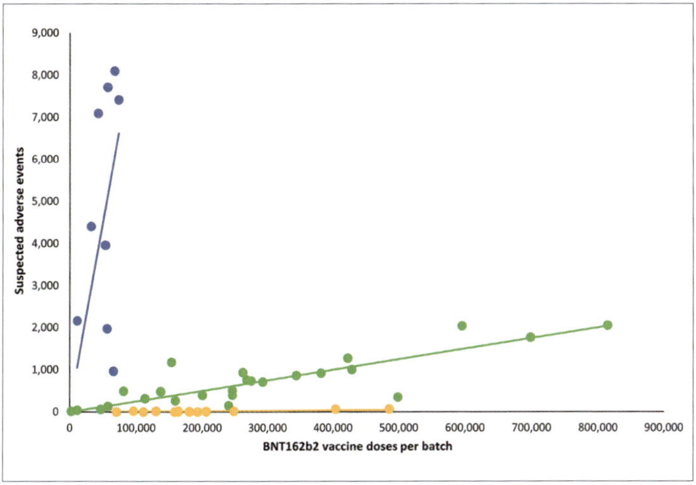

Quelle: https://onlinelibrary.wiley.com/doi/10.1111/eci.13998

Die Häufigkeit von Nebenwirkungen bei BioNTech/Pfizer-Impfungen in Dänemark hängt von den verwendeten Chargen ab.

Die Qualität Impfstoffes ist also keineswegs gesichert, im Gegenteil. Er enthält erwiesenermaßen diverse Komponenten, die unter anderem potenziell Krebs verursachen können. Dennoch wurde die Impfung politisch durchgepeitscht und „bedingt" zugelassen. [310, 311, 312]

310 https://www.telegraph.co.uk/news/2020/11/07/government-piling-pressure-scientists-endorse-covid-vaccine/

311 https://www.statnews.com/pharmalot/2020/08/31/most-americans-believe-the-covid-19-vaccine-approval-process-is-driven-by-politics-not-science/

312 https://www.euractiv.com/section/health-consumers/news/pressure-mounts-on-eu-drug-regulator-to-speed-up-approval-of-covid-19-vaccine/

Jedes andere Arzneimittel, bei dem es so massiv unterschiedliche Qualitäten oder Nebenwirkungen gibt, wäre längst vom Markt genommen worden. Eine Behandlung damit stellt faktisch ein russisches Roulette dar. Mich erinnert das an den alten Sponti-Spruch der 68er-Studentenrevolte: „Legal, illegal, scheißegal." Nur mit dem Unterschied, dass jetzt mit dem Leben der Bevölkerung gespielt wird.

Auf Seite 23 des APA folgt der nächste Schlag ins Gesicht der Geimpften: Die EU-Kommission erklärt, dass die Anwendung des Impfstoffes *„unter der alleinigen Verantwortung der Mitgliedsstaaten der EU"* erfolgt. Nicht die EU-Kommission und auch nicht BioNTech/Pfizer sind für die Anwendung verantwortlich, sondern ausschließlich die Mitgliedsstaaten der EU! Die Pharmafirmen übernehmen also keinerlei Haftung.

In weiterer Folge ist sogar noch festgehalten, für welche Impfschäden diese Schadloshaltung der Pharmafirmen gilt (Seite 25): für Todesfälle, körperliche Schäden, mentale oder emotionale Schäden, Krankheiten, Behinderungen, Verlust oder Beschädigung von Eigentum, wirtschaftliche Verluste oder Geschäfts-Unterbrechungen. Mit anderen Worten: Noch vor der Zulassung des Impfstoffes wurden nicht nur die Pharmafirmen von jeglicher Haftung ausgenommen, sondern die EU-Kommission stimmte sogar der Definition von Impfschäden zu und akzeptierte leichthin, dass es infolge der Impfungen zu wirtschaftlichen Schäden, Krankheiten, Behinderungen und sogar Todesfällen kommen kann. Und das bei einem Impfstoff, mit dem Gesunde (!) geimpft werden sollten!

Das „Vaccine Order Form" der EU-Mitgliedsstaaten

Der Vertrag enthält auch einen Passus, der mir bisher unbekannt war. Das APA war ein Rahmenvertrag der EU. Die einzelnen Bestellungen bei BioNTech/Pfizer erfolgten aber durch die einzelnen Mitgliedsstaaten in einem eigenen zusätzlichen Vertrag, dem „Vaccine Order Form“.

SANTE/2020/C3/043 - SI2.838335

SENSITIVE

ANNEX I: VACCINE ORDER FORM

This Vaccine Order Form is submitted by:

[*The Government of [•]*] (the "**Participating Member State**"), represented for the purposes of signing this Vaccine Order Form by [*forename, surname, function, department of authorising officer*],

to:

[Add details for Contractor]

The Participating Member State and Contractor are together referred to as the "**Parties**" and each individually as a "**Party**".

Quelle: Screenshot, „Vaccine Order Form“ zwischen BioNTech/Pfizer und den EU-Mitgliedsstaaten

Damit schloss nicht nur, wie bisher bekannt, die EU einen Vertrag mit BioNTech/Pfizer, sondern alle 27 Mitgliedsstaaten wurden mit der Unterschrift unter dem jeweiligen Bestellungsvertrag zum Vertragspartner. Die Europäische Union bestellte die Impfstoffe für die gesamte EU, und jeder Staat kaufte dann die Impfstoffe nach eigenem Ermessen. Dass sich u.a. die Gesundheitsminister von Deutschland und Österreich bisher weigerten, diese Dokumente offenzulegen, ist somit alles andere als verwunderlich, denn die Regierungen der Mitgliedsstaaten hängen mit ihren Unterschriften genauso tief in den Verträgen mit BioNTech/Pfizer wie die EU-Kommission.

Und auf den Seiten 48 und 49 der Bestellungsverträge der einzelnen EU-Mitgliedsstaaten folgt der nächste Wahnsinn: Die EU-Mitgliedsstaaten bestätigen („acknowledge“), dass die Langzeit-Wirkungen und die Wirksamkeit des Impfstoffes nicht bekannt sind und dass nicht bekannte Nebenwirkungen auftreten können.[313]

Noch einmal ganz klar zusammengefasst, weil es so unglaublich ist: Den Regierungen der EU-Staaten war nicht nur bekannt, dass weder die Sicherheit, noch die Wirksamkeit und auch nicht die Langzeit-Folgen des Impfstoffes garantiert werden können, sondern sie akzeptierten das sogar ausdrücklich![314]

Der größte Skandal in der Medizingeschichte

Dass die vorliegenden Verträge von der EU-Kommission und den Regierungen der EU-Mitgliedsstaaten unterschrieben wurden, ist für mich als Arzt unfassbar und der größte Skandal in der Medizingeschichte.[315] Man muss sich das alles einmal vorstellen: Ein Impfstoff, dessen Wirksamkeit und Sicherheit nicht bekannt ist, dessen Herstellung mit großen Risiken verbunden ist und der laut Vertrag zu Krankheit, Behinderung und sogar zum Tod führen kann, wird von der EMA bedingt zugelassen und in weiterer Folge gesunden, kranken und älteren Menschen sowie Babys und Schwangeren verabreicht. Dieser gentechnische Impfstoff, der biologisch-medizinisch faktisch eine Gentherapie ist[316], wurde weltweit sage und schreibe 4,6 Milliarden Mal injiziert.[317] Und nicht zuletzt hätte er im Rahmen einer Impfpflicht jedem Österreicher und Deutschen sogar zwangsweise verimpft werden sollen!

---

313 *https://www.rai.it/dl/doc/2021/04/17/1618676600910_APA%20BioNTech%20Pfizer__.pdf*

314 *https://sciencefiles.org/2023/10/26/exponentielle-perversion-der-eu-vertrag-mit-pfizer-biontech-sittenwidrige-grundlage-all-der-folgenden-luegen/*

315 *https://auf1.info/dr-strasser-der-groesste-menschenversuch-der-geschichte*

316 *https://pubmed.ncbi.nlm.nih.gov/37445690/*

317 *https://www.pfizer.com/science/coronavirus/vaccine/working-to-reach-everyone-everywhere*

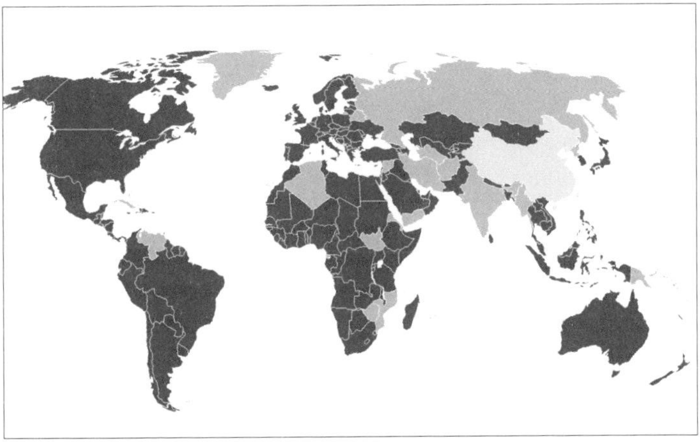

Quelle: https://www.pfizer.com/science/coronavirus/vaccine/working-to-reach-everyone-everywhere

Weltweit wurden in 181 Ländern 4,6 Milliarden Dosen des Impfstoffes von BioNTech/Pfizer verimpft.

Jahrelang hieß es seitens der Regierungen und Mainstream-Medien, dass der COVID-19-Impfstoff „bestens getestet", „sicher" und „sehr wirksam" sei. Alles falsch, alles Fake News. Um es kurz und prägnant zu formulieren: Die EU-Kommission und die europäischen Regierungen haben gelogen, dass sich die Balken biegen, und sie haben so alle Geimpften skrupellos zu wandelnden Versuchskaninchen degradiert. Und die Mainstream-Medien machten bei der Impf-Propaganda uneingeschränkt mit.

Jedem Geimpften muss jetzt klar sein, dass den Politikern in den Regierungen von Anfang an bewusst war, dass der Impfstoff alle möglichen Folgen bis hin zum Tod haben kann und dass die Langzeitfolgen nach wie vor nicht absehbar sind. Die Geimpften sind die größten Opfer dieser verantwortungslosen Politik: Sie wurden getäuscht, verführt, unter Druck gesetzt und belogen. Wir wissen nicht, was mit ihnen langfristig passieren wird. Wir sehen nur, dass beispielsweise die Krebserkrankungen explodieren, immer mehr Menschen krank sind und immer mehr Menschen sterben.

Das Vorgehen der politisch Verantwortlichen der EU-Kommission und der Regierungen ist unverzeihlich. Sie sind ihrer ureigensten Aufgabe nicht nachgekommen, nämlich das Leben und die Gesundheit der Bürger bedingungslos zu schützen. Laut neuesten Publikationen starben weltweit bereits bis zu 17 Millionen Menschen aufgrund der COVID-19-Impfungen. [318] Skrupellose Politiker ohne jedes Verantwortungsgefühl sind mitschuldig an Tod und Krankheit unzähliger Menschen weltweit. Mit den COVID-19-Impfungen haben sie die Büchse der Pandora geöffnet, und nun breiten sich Krankheit, Tod und Übel über die Menschheit aus. [319]

---

318 *https://www.theepochtimes.com/health/covid-vaccines-causally-linked-to-increased-mortality-resulting-in-17-million-deaths-scientific-report-5499001?src_src=partner&src_cmp=whatfinger*

319 *https://www.griechische-sagen.de/Pandora.html*

Das Gesundheitssystem bricht zusammen
Zu wenig Ärzte und Pflegepersonal

Unser Gesundheitssystem ist schon lange krank

Im Februar 2017 brachte die Grippewelle die Krankenhäuser in arge Bedrängnis. Mehrere Kliniken konnten wegen Überlastung zeitweise keine Patienten aufnehmen. [320] Diese Grippewelle war außergewöhnlich stark und kostete allein in Deutschland offiziell rund 25.100 Menschen das Leben. [321] Krankenhäuser und Ämter wurden lahmgelegt. [322] Die Erkrankungswelle stellte damals die Spitäler vor große Herausforderungen. Wegen der vielen Patienten und erkrankten Mitarbeiter wurden in etlichen Krankenhäusern nur mehr Notfälle aufgenommen und Operationssäle mussten geschlossen werden. Niemand dachte aber vor COVID-19 daran, die Wirtschaft herunterzufahren, die Schulen zu schließen oder die gesamte Bevölkerung einzusperren und sie zwangszuimpfen.

In ganz Europa sind in den vergangenen Jahren und Jahrzehnten die Gesundheitssysteme der Staaten heruntergefahren worden. [323, 324] Die Zahl der Krankenhäuser und Kranken-

---

320 *https://www.welt.de/regionales/bayern/article161869919/Kliniken-schliessen-wegen-Ueberlastung-ihre-Notaufnahmen.html*

321 *https://www.aerzteblatt.de/nachrichten/106375/Grippewelle-war-toedlichste-in-30-Jahren*

322 *https://www.spiegel.de/gesundheit/diagnose/deutschland-grippe-legt-krankenhaeuser-und-aemter-lahm-a-1198398.html*

323 *https://www.kleinezeitung.at/politik/aussenpolitik/5791821/Intensivpflegerin_Die-deutschen-Krankenhaeuser-wurden-kaputt-gespart*

324 *https://www.derstandard.at/story/2000116189151/das-mantra-vom-sparen-im-gesundheitssystem-muss-grundsaetzlich-ueberdacht-werden*

hausbetten, insbesondere der Intensivbetten, wurde sukzessive reduziert. Dazu kommen noch ein chronischer Ärztemangel und ein ausgeprägter Pflegenotstand.[325, 326, 327, 328] Wir haben schon seit längerem schlichtweg nicht das Personal und die medizinische Infrastruktur, um mit einer massiven Erkrankungswelle – welcher Art auch immer – fertigzuwerden.

All dies muss man wissen, um die ab 2020 aufgezwungenen, evidenzbefreiten und sinnlosen COVID-19-Maßnahmen der Regierungen in Europa und weltweit richtig bewerten zu können.

Die sinnlosen COVID-19-Maßnahmen zerstörten das Gesundheitssystem endgültig

Seit Corona und die darauffolgenden Maßnahmen der Regierungen auf uns hereinbrachen, ist im Gesundheitssystem gar nichts mehr „normal". Die Medizin wurde endgültig ruiniert und befindet sich seitdem in einem permanenten Ausnahmezustand. Der Direktor der Inneren Medizin der Universitätsklinik Innsbruck brachte es mit einem Satz treffend auf den Punkt: „Wir sind in der Bredouille, aber nicht wegen COVID."[329] Nicht COVID-19 brachte das System zum Kippen, sondern die COVID-19-Maßnahmen. Seit 2020 fehlen die beiden essenziellen Faktoren Personal und Geld in einem solchen Ausmaß, dass nicht einmal mehr der normale medizinische Betrieb aufrechterhalten werden kann.

---

325 *https://www.profil.at/oesterreich/pflegenotstand-protokolle-branche-11352563*

326 *https://www.thieme.de/de/pflege/pandemie-trifft-pflegenotstand-157236.htm*

327 *https://www.ots.at/presseaussendung/OTS_20210902_OTS0080/gefaehrlicher-mix-aerztemangel-und-zunehmende-arbeitsunzufriedenheit-bei-spitalsaerzten*

328 *https://www.br.de/nachrichten/bayern/aerztemangel-im-landkreis-dillingen-nachfolger-dringend-gesucht,SeFLmZU*

329 *https://www.tt.com/artikel/30825041/klinik-chef-weiss-wir-sind-in-der-bredouille-aber-nicht-wegen-covid*

Die COVID-19-Maßnahmen kosteten Deutschland allein 2020 rund 1,3 Billionen (richtig gelesen, 1.300 Milliarden) Euro. [330] Die EU gab zur Bewältigung der Krise mehrere Billionen Euro aus. [331] Allein die COVID-19-Massentests in Österreich kosteten bis Ende 2022 mehr als 5,2 Milliarden Euro. [332] Und für 2023 budgetierte die österreichische Regierung noch einmal 1,2 Milliarden Euro für Corona-Maßnahmen. [333]

Finanziert wurden diese gigantischen Schulden der Staaten über die digitale Geldpresse der Europäischen Zentralbank (EZB). Die Bilanzsummen der Notenbanken (EZB und Fed, Federal Reserve der USA) wurden weiter um Billionenbeträge „aufgeblasen". [334] Schon im April 2020 fragten sich viele Menschen, auch Wirtschaftsexperten, ob das gut gehen kann. [335] Es ging leider nicht gut, wie wir alle wissen.

Im Sommer 2021 begann, als Folge des massenhaft neu in Umlauf gebrachten und damit mehr und mehr entwerteten neuen Geldes, eine Phase der Hochinflation, die bis heute andauert. [336] Momentan erleben wir den Beginn einer ähnlichen Entwicklung wie in der Weimarer Republik 1923. [337] Die dramatischen Folgen: Allein im letzten Quartal 2022 sank das verfügbare Haushaltseinkommen in Österreich um rund

---

330 https://www.rnd.de/politik/corona-krise-kostet-staat-allein-2020-mehr-als-13-billionen-euro-VRM3UGOTSNHKLG6YRE7A2RUAQU.html

331 https://www.europa.steiermark.at/cms/beitrag/12776462/2950520

332 https://www.derstandard.at/story/3000000179958/corona-tests-kosteten-bis-ende-2022-mindestens-52-milliarden-euro

333 https://www.ots.at/presseaussendung/OTS_20230909_OTS0022/fpoe-hauser-corona-politik-dieser-bundesregierung-hat-kindern-und-jugendlichen-schweren-schaden-zugefuegt

334 https://www.infina.at/trends/ezb-bilanzsumme/

335 https://www.faz.net/aktuell/wirtschaft/mehr-wirtschaft/ezb-im-krisenmodus-hilft-gelddrucken-gegen-das-coronavirus-16731123.html

336 https://www.infina.at/trends/statistik-inflation/

337 https://www.planetwissen.de/geschichte/deutsche_geschichte/weimarer_republik/pwiediehyperinflationvon100.html

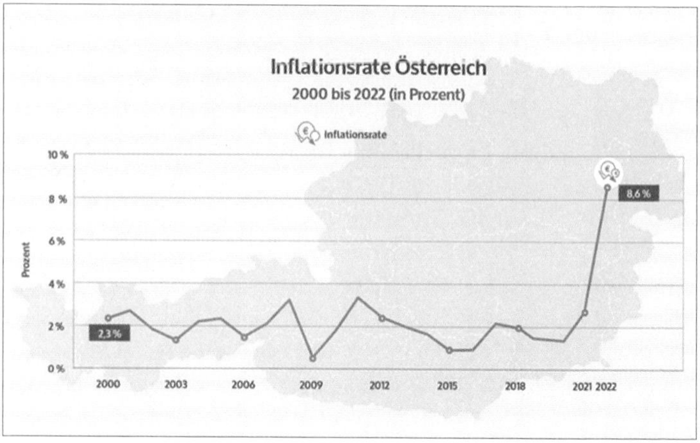

Hochinflation in Österreich seit Sommer 2021

zehn Prozent! [338] Wir verlieren massiv an Wohlstand. Das für die falschen Corona-Maßnahmen fahrlässig verschleuderte Geld fehlt jetzt natürlich an allen Ecken und Enden: z. B. bei der Infrastruktur, in den Schulen und nicht zuletzt leider auch ganz besonders im Gesundheitswesen. Doch jetzt sagen die Finanzminister nicht mehr „Koste es, was es wolle", wie Gernot Blümel (ÖVP) im Jahr 2020. [339]

Die verfehlten Corona-Maßnahmen führten aber auch zu einer dramatischen Verschlimmerung des Personalmangels im Gesundheitswesen. Dafür gibt es mehrere Gründe: schlechte Bezahlung [340], widrige Arbeitsbedingungen [341], Überlastung des noch vorhandenen Gesundheitspersonals [342], im-

338 *https://data.oecd.org/hha/household-disposable-income.htm*

339 *https://www.sn.at/wirtschaft/oesterreich/bluemel-praesentiert-krisenbudget-koste-es-was-es-wolle-85133107*

340 *https://www.derstandard.at/story/2000146074438/aerztekammer-fordert-24-000-euro-bleibepraemie-fuer-gesundheitspersonal*

341 *https://www.deutschlandfunkkultur.de/arbeitsbedingungen-kliniken-ausnahmezustand-personalmangel-100.html*

342 *https://www.boeckler.de/de/boeckler-impuls-personalnot-belastende-arbeitszeiten-und-geringe-bezahlung-36220.htm*

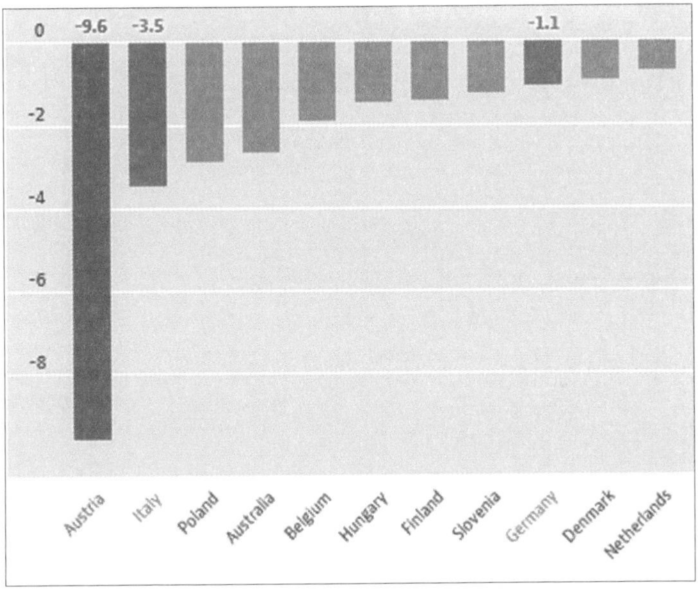

Quelle: OECD: Einbruch des verfügbaren Haushaltseinkommens im letzten Quartal 2022

mer mehr Personal, das nur mehr Teilzeit arbeiten will oder kann[343], Frühpensionierungen und Berufswechsel[344] (immer mehr Menschen im Gesundheitswesen haben „die Schnauze voll“[345]) und nicht zuletzt immer mehr krankes Gesundheitspersonal[346]. Die massiven Personal-Ausfälle der letzten Jahre haben unser Gesundheitswesen krank gemacht – todkrank.[347]

343 *https://taz.de/Personalmangel-im-Krankenhaus/!5936286/*

344 *https://aerztestellen.aerzteblatt.de/de/redaktion/raus-aus-der-intensiv-und-notfallmedizin-jeder-zehnte-denkt-berufswechsel*

345 *https://www.stern.de/wirtschaft/darum-wollen-immer-mehr-pflege-kraefte-ihren-beruf-aufgeben-30428442.html*

346 *https://physio.de/community/news/hohe-krankenstaende-bei-gesundheitspersonal/99/10876/1*

347 *https://bajour.ch/a/clg3h9scv9259354ixwiynmlhk/das-gesundheitswesen-ist-krank*

Doch wie reagierte die Politik der sozialistisch-konservativ-grün-liberalen Einheitspartei in Europa? Man setzte das Gesundheitspersonal noch zusätzlich unter Druck und vergraulte es massenhaft. Diverse Impfpflichten für das Gesundheitspersonal, unter anderem in Italien, Frankreich, Deutschland und Österreich, trieben Ärzte und Pflegepersonal, das sich dem Impfdiktat nicht beugen wollte, in Scharen aus dem Gesundheitswesen.[348, 349, 350] Mit katastrophalen Folgen: Der Personalmangel im Gesundheitswesen wurde zusätzlich verschärft. Wir sind jetzt noch schlechter aufgestellt als vor Corona.[351]

Klinik muss Patienten abweisen: „Wir sind schlechter aufgestellt als vor Corona“

Quelle: https://www.tt.com/artikel/30850136/klinik-muss-patienten-abweisen-wir-sind-schlechter-aufgestellt-als-vor-corona; 27. 03. 2023

348 *https://www.krone.at/2578413*

349 *https://www.zeit.de/politik/ausland/2022-02/impfpflicht-frankreich-krankenhaus-pflegepersonal-gesundheitswesen?utm_referrer=https%3A%2F%2Fwww.startpage.com%2F*

350 *https://www.ndr.de/nachrichten/schleswig-holstein/coronavirus/Impfpflicht-stellt-Pflege-vor-grosse-Herausforderungen,impfpflicht214.html*

351 *https://www.tt.com/artikel/30850136/klinik-muss-patienten-abweisen-wir-sind-schlechter-aufgestellt-als-vor-corona*

Die verheerenden Folgen dieser Geisterfahrer-Politik können nicht mehr vertuscht werden. In den meisten Staaten und in Krankenhäusern sind die COVID-19-Impfungen inzwischen nicht mehr vorgeschrieben. [352] Aber dieser „Sinneswandel" kam zu spät, denn für viele offene Stellen im Gesundheitswesen gibt es keine Bewerbungen mehr. [353] Wer seine Arbeit im Gesundheitssystem aufgegeben hat, ist oft für immer weg. Der katastrophale Mangel an qualifiziertem Gesundheitspersonal in Europa ist eine bittere und traurige Realität. [354]

Nichts funktioniert mehr normal

Jedermann kann sehen, wie desolat unser Gesundheitssystem mittlerweile ist. Die Zufriedenheit mit dem Gesundheitssystem sinkt in Österreich und Deutschland rapide [355, 356] und die medizinische Versorgung wird in Zukunft noch deutlich schlechter werden. [357]

Im Januar 2023 harrten in Lienz rund 150 Patienten in einer langen Warteschlange aus, um einen Termin bei einem Augenfacharzt bekommen zu können. [358]

Die Zahl der Kassenärzte in Österreich sinkt und die Wartezeiten für Patienten steigen immer mehr an. [359] Auf manche

---

352 *https://www.derstandard.at/story/2000137318673/corona-impfpflicht-bei-neuanstellungen-an-tirol-kliniken-faellt*

353 *https://www.praktischarzt.de/magazin/arbeitgeber/arbeitgeber-keine-bewerbungen/*

354 *https://www.who.int/europe/de/news/item/22-03-2023-the-health-workforce-crisis-in-europe-is-no-longer-a-looming-threat---it-is-here-and-now.-the-bucharest-declaration-charts-a-way-forward*

355 *https://oesterreich.orf.at/stories/3206488/*

356 *https://www.aok-bv.de/presse/pressemitteilungen/2022/index_25698.html*

357 *https://www.aerzteblatt.de/nachrichten/135578/Gesundheitsreport-Aerzte-rechnen-mit-Verschlechterung-der-Versorgung*

358 *https://www.krone.at/2899822*

359 *https://www.kleinezeitung.at/steiermark/6309511/Fachaerzte-gesucht_Lange-Wartezeiten_Zahl-der-Kassenaerzte-sinkt*

NUR EIN ARZT IM BEZIRK

Lange Warteschlange vor Augenarztpraxis in Lienz

Tirol | 09.01.2023 16:44

(Bild: AK/Steiner)

Quelle: https://www.krone.at/2899822

Arztbesuche muss man bis zu einem Jahr warten! [360] In Berlin müssen Kassenpatienten rund dreimal so lange auf einen Arzttermin warten wie Privatpatienten. [361] Generell steigen die Wartezeiten für Arztbesuche auch in Deutschland immer mehr an. [362] Schon jetzt fehlen in Deutschland rund 15.000 Ärzte. [363] Das wird dazu führen, dass die Wartezeiten bei niedergelassenen Ärzten immer länger werden, und bis Ende

360 *https://www.kleinezeitung.at/steiermark/6308948/KassenaerzteMangel_Bis-zu-ein-Jahr-Wartezeit-auf*

361 *https://www.rbb24.de/panorama/beitrag/2022/10/wartezeiten-patienten-privat-gesetzlich-daten-vergleich.html*

362 *https://www.welt.de/wirtschaft/article242606111/Wartezeit-fuer-Termine-beim-Facharzt-koennte-2023-noch-laenger-werden.html*

363 *https://infothek-gesundheit.de/aerztemangel-in-deutschland-warum-ist-das-so/*

2030 wird wohl jedes fünfte Krankenhausbett wegen des eklatanten Personalmangels leer stehen. Kranke können ohne Arzt und/oder Pflegepersonal eben nicht behandelt werden.

In Wien gab es im ersten Halbjahr 2023 sage und schreibe 22 Gefährdungsanzeigen. Ein Rekord! [364] Gefährdungsanzeigen sind Anzeigen des medizinischen und pflegerischen Personals, die auf einen Missstand hinweisen, der zur Bedrohung von Leib und Leben für die Patienten werden kann oder das schon ist. Extrem lange Wartezeiten auf Operationen, die dann noch dazu oftmals in Terminabsagen enden, sind mittlerweile fast die Regel, nicht mehr die Ausnahme. Stundenlanges Sitzen in überfüllten Ambulanzen. Horrende Zustände auf den Stationen der Krankenhäuser mit Gangbetten und Patienten, die am Boden liegen müssen. [365] Dazu eine verheerende Personalnot, die zur Schließung ganzer Abteilungen führt. Die Wiener Spitäler – und nicht nur diese! – sind in einer existenziellen Krise. Auch im Rest von Österreich und in Deutschland ist die Situation in den Krankenhäusern zunehmend katastrophal. [366] In Deutschland rechnet man damit, dass viele Krankenhäuser zusperren müssen – und offenbar ist das von der Politik der schwarz-rot-grün-liberalen Einheitspartei so gewollt. [367] Den Krankenhäusern geht es also schlecht, sehr schlecht.

Das AKH Wien, eines der größten Krankenhäuser in Europa, kann zeitweise keine Akutfälle mehr behandeln. [368]

---

364 https://www.oe24.at/oesterreich/chronik/wien/rekord-bei-gefaehrdungsanzeigen-in-wiens-krankenhaeusern/569639850

365 https://www.krone.at/3118258

366 https://www.welt.de/vermischtes/weltgeschehen/article242448197/RSV-und-Pflegemangel-Katastrophale-Situation-Kaum-noch-Kinder-Intensivbetten-frei.html

367 https://www.mdr.de/nachrichten/thueringen/krankenhaus-reform-auswirkungen-100.html

368 https://www.oe24.at/oesterreich/chronik/wien/akh-klinik-kann-akutfaelle-nicht-mehr-behandeln/532246087

GEFÄHRDUNGSANZEIGE:

AKH-Klinik kann Akut-Fälle nicht mehr behandeln

Quelle: https://www.oe24.at/oesterreich/chronik/wien/akh-klinik-kann-akut-faelle-nicht-mehr-behandeln/532246087; 05.10.2022

Im Klinikum Favoriten, einem der größten Krankenhäuser Österreichs, ist rund die Hälfte der Stellen für Anästhesieärzte nicht besetzt. [369] Warum? Weil die Hälfte der Ärzte frühzeitig in Rente gegangen oder aber dauerhaft krank ist. Dass gerade beim durchgeimpften, unter Druck gesetzten und schlecht behandelten Gesundheitspersonal die Zahl der Krankenstände besonders hoch ist, weiß man längst. An diesem Beispiel sieht man die existenzgefährdenden Folgen einer völlig verfehlten Corona-Politik.

Der Personalmangel betrifft zunehmend auch die Rettungs- und Notarztdienste. [370] Wegen fehlender Notärzte sterben

369 https://www.derstandard.at/story/2000146027291/anaesthesieabteilung-der-klinik-favoriten-fehlt-die-haelfte-ihrer-aerzte

370 https://www.krone.at/2801982

> Und wie kommt es nun zur Anästhesiekrise in der Klinik Favoriten, die im schlimmsten Fall zur Selbstauflösung der Abteilung führen könnte, wie es unter Wiener Krankenhausmedizinern heißt? Ein Sprecher des Gesundheitsverbunds erklärt die Entwicklung so: Der Primar der Abteilung sei in Pension gegangen, und in weiterer Folge seien einige dort tätige Fachärztinnen und Fachärzte in vorzeitigen Ruhestand gegangen. Mehrere Langzeitkrankenstände seien noch dazugekommen. Inzwischen sei die interimistische Leitung der Abteilung aber geklärt.

Quelle: https://www.derstandard.at/story/2000146027291/anaesthesieabteilung-der-klinik-favoriten-fehlt-die-haelfte-ihrer-aerzte; 02. 05. 2023

in Österreich mittlerweile Menschen, weil sie nicht rechtzeitig versorgt werden können.[371] Es gibt in Österreich kein flächendeckendes Rund-um-die-Uhr-Notarztsystem mehr. Dienste sind aus Ärztemangel teilweise unbesetzt.[372] Auch in Deutschland herrscht ein akuter Mangel an Notärzten[373], auch dort sind deshalb längst Menschenleben in Gefahr.[374]

> WEGEN PERSONALNOT
>
> **„Bei Herzinfarkt können Sie anfangen zu beten"**
>
> Oberösterreich | 08.09.2022 06:00

Quelle: https://www.krone.at/2801982

---

371 https://www.kleinezeitung.at/steiermark/ennstal/6168391/Sanitaeter-kaempften-alleine_Notarzt-fehlte_Wieder-verstarb-ein

372 https://www.krone.at/2751637

373 https://www.merkur.de/bayern/notarzt-mangel-auf-dem-land-beruf-nicht-mehr-attraktiv-genug-fuer-junge-mediziner-zr-91274547.html

374 https://www.focus.de/gesundheit/news/wegen-personalmangel-fahrtwege-zu-lang-notarzt-warnt-vor-dramatischer-situation-zu-weihnachten_id_180894434.html

Die nächste COVID-19-Welle wird eine Welle der Geimpften

Durch die verheerenden Corona-Maßnahmen wurden also Unmengen an Geld sinnlos verschleudert, die Geldentwertung verursacht und die Personalnot im Gesundheitsbereich massiv verschärft. Gleichzeitig erhalten beispielsweise die niedergelassenen Tiroler Kassenärzte in den Jahren 2022 bis 2024 eine jährliche Erhöhung der Arzt-Honorare von rund 4,5 %, also weit unter der Inflation, bei gleichzeitig massiv erhöhten Kosten. [375] Dazu kommen noch der Ukraine-Krieg, der die Inflation weiter anheizt, der Nahost-Konflikt und eine sich weiter verschärfende Migrationskrise. Immer weniger Ärzte und Pflegepersonal sollen mit immer weniger Geld immer mehr Menschen behandeln. Das geht sich nicht aus.

Mittlerweile ist wohl auch dem letzten Pharma-Gläubigen, Parteimitglied der Systemparteien und treuesten Abonnenten der Mainstream-Medien klar, dass die COVID-19-Impfungen nicht der versprochene „Gamechanger“ waren. Das COVID-19-Virus mutiert munter weiter, vermehrt sich immer mehr und wird immer besser angepasst. Von daher ist es keine gewagte Prognose, dass wir im Herbst/Winter 2023/2024 in die nächste COVID-19-Welle hineingeraten werden. Und das nicht nur ungebremst, sondern sogar noch mit Volldampf. Denn mittlerweile ist längst erwiesen, dass die Geimpften öfter an COVID-19 erkranken – und daran auch sterben.

Die im Buch bereits vorgestellte Studie der Cleveland Clinic ist durch weitere Daten bestätigt. COVID-19-Impfungen erhöhen die COVID-19-Infektionsraten. [376] In einer brandneuen

---

375 https://www.aektirol.at/newsletter/newsletter-detail/oegk-honorarvereinbarung-2022-2024

376 https://legitim.ch/booster-erhoehen-die-covid-infektionsraten-peer-review-zeitschrift-veroeffentlicht-vernichtende-studie-ueber-das-mrna-debakel-und-weigert-sich-die-publikation-zurueckzuzieh/

Studie wurde gezeigt, dass in Kalifornien geimpfte Gefängnisinsassen häufiger an COVID-19 erkrankten als ungeimpfte. [377] Wenn man bedenkt, dass in Deutschland und Österreich rund drei Viertel der Bevölkerung geimpft sind, ergibt das ein dramatisches Potenzial. Mit anderen Worten: Wir werden dieses Jahr eine massive Infektionswelle der Geimpften sehen, unabhängig davon, ob von Regierungsseite aus der Impfstatus der COVID-19-Kranken erhoben wird oder nicht. Es ist zu befürchten, dass das Gesundheitssystem in Deutschland und Österreich bei der nächsten COVID-19-Welle kollabieren könnte, weil es schon jetzt völlig überlastet ist.

Die derzeit seitens der Regierungen massiv beworbenen Booster-Impfungen werden die Situation wohl noch verschlimmern. [378] Eine neue Studie der Uniklinik Würzburg zeigt, dass jede Impfung zu erheblichen Personalausfällen beim Gesundheitspersonal führt, und zwar umso mehr, je öfter geimpft wird. [379] Angesichts weiterer COVID-19-Infektionswellen und forcierter, massiv beworbener Auffrischungsimpfungen besteht die Gefahr weiterer Personalengpässe – aufgrund von Arbeitsunfähigkeiten nach der Impfung. Die Booster-Impfungen werden die Personalnot also noch zusätzlich verschärfen. Das Motto lautet jedoch nach wie vor: Impfen! Impfen! Impfen! – Koste es, was es wolle! Impfen! – Entgegen aller wissenschaftlichen Daten, mit verheerenden Nebenwirkungen, mit allen Mitteln, mit Propaganda, Zwang, Druck, mit Ultimaten an Ärzte und so weiter und so fort. [380, 381]

---

377 https://pubmed.ncbi.nlm.nih.gov/37680261/

378 https://report24.news/studie-warnt-neue-booster-impfungen-koennten-zur-ueberlastung-des-gesundheitssystems-fuehren/

379 https://www.sciencedirect.com/science/article/abs/pii/S0033350623002470

380 https://www.oe24.at/oesterreich/politik/corona/rauch-gibt-aerzten-impf-ultimatum/569954306

381 https://www.ndr.de/nachrichten/info/Neuer-Corona-Impfstoff-verfuegbar-Lauterbach-raet-zu-Auffrischung,lauterbach450.html

Albert Einstein sagte richtigerweise: „Die Definition von Wahnsinn ist, immer wieder das Gleiche zu tun und andere Ergebnisse zu erwarten." So gesehen sind die COVID-19-Maßnahmen und die „neue Normalität" des derzeit herrschenden politischen Systems glatter Wahnsinn. Hier wird wider besseres Wissen vorgegangen und gegen elementare Grundsätze verstoßen.

AN INNSBRUCKER KLINIK

OP-Assistenten klagen: „Arbeitsalltag ist Hölle!"

Tirol | 02.07.2023 08:00

(Bild: Christof Birbaumer / Kronenzeitung)

Quelle: https://www.krone.at/3048334

Geplante WHO-Gesundheitsdiktatur stoppen

Änderungsvorhaben der WHO im Visier

Die WHO (World Health Organisation) ist eine Sonderorganisation der Vereinten Nationen (United Nations, UN) mit Sitz in Genf und wurde bereits 1948 gegründet. Momentan sind 194 Staaten Mitglieder der WHO. Die Bezeichnung Weltgesundheitsorganisation klingt sehr nach einer Organisation, der die Gesundheit der Menschheit am Herzen liegt und auch der Slogan der WHO soll eine Aussage mit positiver Wirkung vermitteln: „Gemeinsam für mehr Gesundheit". Man sollte sich jedoch sehr genau mit den Hintergründen der WHO befassen! Dieses Kapitel zeigt auf, welche Probleme die WHO für die Weltbevölkerung aufgrund ihres globalen Einflusses bereits verursacht hat und welche sie in naher Zukunft verursachen könnte.

Während der Corona-Krise war das Handeln der WHO alles andere als ein Ruhmesblatt für diese Organisation. Sogar im Antrag an den Deutschen Bundestag vom 09.05.2023, eingebracht von SPD, Bündnis 90/Die Grünen und FDP, steht festgeschrieben: „Während der COVID-19-Pandemie ist (…) erneut deutlich geworden, dass der WHO die Fähigkeiten fehlen, ihr Mandat vollumfänglich zu erfüllen." Mit anderen Worten: Die WHO hat ihre Aufgaben in Bezug auf das Management der COVID-19-Pandemie nicht zufriedenstellend erfüllt. Umso überraschender ist daher die Tatsache, dass der Deutsche Bundestag mit demselben Antrag vom 09.05.2023 der WHO in Zukunft mehr Rechte einräumt und ihr mehr Geldmittel zur Verfügung stellt.

Nur die AfD hat im Deutschen Bundestag geschlossen gegen diesen Antrag gestimmt.

Deutscher Bundestag Drucksache **20/6712**

20. Wahlperiode 09.05.2023

Antrag

der Fraktionen SPD, BÜNDNIS 90/DIE GRÜNEN und FDP

75 Jahre WHO – Stärkung und Reform der Weltgesundheitsorganisation

Der Bundestag wolle beschließen:

I. Der Deutsche Bundestag stellt fest:

Quelle: Drucksache 20/6712 (bundestag.de)

Die WHO bestand auf inkorrekter Corona-Falldefinition

Der ehemalige Chef der Österreichischen Agentur für Gesundheit und Ernährungssicherheit (AGES), Professor Dr. Franz Allerberger, warf der WHO im Interview mit der Schweizer Online-Zeitung Infosperber als markantesten Fehler die Definition eines Corona-Falles vor: „Danach stufte man jeden, dessen PCR-Test positiv war, als einen Covid-19-Fall ein. Allerberger kritisiert, dass damit auch Personen ohne Krankheitssymptome als krank geführt wurden. Wörtlich erklärte der Ex-AGES-Chef: ‚Das war eine völlig neue, unsinnige Falldefinition; so etwas gab es früher nie.' Und das geschah so: Am 16. Dezember 2020 hatte die WHO die Kriterien geändert, was als vermeintlich ‚gesicherter' SARS-CoV-2-Fall zu gelten hat." [382]

382 https://auf1.info/ex-ages-chef-franz-allerberger-geisselt-weltgesundheitsorganisation/

Extremes und teures Testen in Österreich „dank" der Corona-Politik der WHO

Der Definition der WHO folgend, dass jeder positive Test ein Corona-Fall sei, haben zahlreiche Regierungen während der COVID-19-Pandemie auf eigene Faust überschießende COVID-Test-Regimes durchgesetzt. Die Verordnung flächendeckender Corona-Tests in Österreich stellte ein Extrembeispiel dar. Im Juli 2023 berichtete der ORF über die Kritik des Rechnungshofs an der Teststrategie der österreichischen Regierung wie folgt: „Die Kosten für das Testen waren beachtlich – nämlich mindestens 5,2 Milliarden Euro bis Ende 2022." [383] Aus diesem Bericht geht hervor, dass Österreich laut der EU-Behörde European Centre for Disease Prevention and Control (ECDC) pro Kopf rund 16-mal mehr testete als Deutschland. Durchgeführt wurden 306 Millionen Tests, davon 189 Millionen Antigentests und der Rest waren PCR-Tests. Aufgrund der von der Regierung verordneten 3G-Regel mussten sich in Österreich auch symptomlose Personen ununterbrochen testen lassen. Angesichts der Tatsache, dass die Tests Corona nicht eingedämmt haben – eine reine Geldvernichtung! Die „Pandemie" wurde dadurch sogar noch künstlich verlängert!

Die Impfbesessenheit der WHO

Teilweise agierte die WHO in einer Art und Weise, die selbst einem Teil der Impfbefürworter zu viel wurde. „Die Impf-Besessenheit ist nicht nur bei den Regierungen, sondern auch bei der Weltgesundheitsorganisation (WHO) anscheinend so groß, dass sie sogar bereit sind, Sicherheitsbedenken der Herstellerfirmen in den Wind zu schlagen. BioNTech selbst musste jetzt davor warnen, eine fahrlässige WHO-Empfehlung in die Tat umzusetzen", berichtete der Wochenblick. [384]

---

383 https://www.who.int/emergencies/diseases/novel-coronavirus-2019/covid-19-vaccines/advice

384 WHO warb für falsche Anwendung von Biontech-Impfstoff - Wochenblick.at

Laut einem Artikel der Nachrichtenagentur Reuters vom 05.01.2021 [385] hatte der Vorsitzende der WHO-Expertengruppe für Immunisierungen (Strategic Advisory Group of Experts on Immunization, SAGE), Alejandro Cravioto, zum COVID-19-Impfstoff von Pfizer erklärt: „SAGE sieht vor, dass Länder in Ausnahmefällen, bei denen es zu Engpässen bei der Impfstoffversorgung kommt, die Verabreichung der zweiten Dosis um einige Wochen verschieben können, damit möglichst viele Menschen von der ersten Dosis profitieren können". Das ging offenbar sogar Pfizer und BioNTech zu weit, denn diese erklärten laut einem Artikel im British Medical Journal vom 06.01.2021: „Es gibt keine Daten, die belegen, dass der Schutz nach der ersten Dosis auch nach 21 Tagen noch anhält." [386] Die WHO verfügte damals daher über keinerlei Daten, auf die sie ihre Annahme hätte stützen können.

Ziel der WHO: Erreichung und Erhaltung einer hohen Durchimpfungsrate

Die WHO setzt sich auch 2023 für weiteres Impfen gegen Covid-19 ein und dies, obwohl die Wirksamkeit und Sicherheit von z. B. Pfizer/BioNTech Comirnaty, laut EMA-Bewertungsbericht für die Erneuerung der Marktzulassung vom 28.10.2022 [387], voraussichtlich erst mit dem Vorliegen der abschließenden klinischen Studienberichte zu den Studien C4591001 und C4591007 im Dezember 2023 bzw. im Dezember 2024 bestätigt werden wird. Die WHO erklärt die Covid-19-Impfstoffe als sicher und empfiehlt sie insbesondere Älteren, jungen Erwachsenen mit Vorerkrankungen, Personen mit einem geschwächten Immunsystem ab dem Alter

---

385 https://www.reuters.com/article/us-health-coronavirus-who-id-CAKBN29A25G

386 https://www.bmj.com/content/372/bmj.n18

387 https://www.ema.europa.eu/en/documents/variation-report/comirnaty-h-c-5735-r-0137-epar-assessment-report-renewal_en.pdf

von sechs Monaten sowie Schwangeren und dem Gesundheitspersonal. Diese Personen sollen ihren „Impfschutz" durch ständiges Boostern aufrechterhalten.[388] Am besten wäre wohl ein Impf-Abo ab dem Baby- bis ins Greisenalter! Regelmäßig auffrischen – ein Leben lang! Und am liebsten gleich zwei Spritzen auf einmal, schreibt die Pharmazeutische Zeitung: „Anfangs wurde als Vorsichtsmaßnahme geraten, vor und nach einer Covid-19-Impfung 14 Tage Abstand zu anderen Impfungen einzuhalten. Die Weltgesundheitsorganisation (WHO) sprach sich aber bereits vergangenen Herbst dafür aus, die jährliche Grippeimpfung *parallel* zur Covid-19-Impfung zu verabreichen."[389] So ließe sich die Impfquote deutlich erhöhen. Dieser Meinung ist im Übrigen auch der Weltapothekerverband (Fédération Internationale Pharmaceutique, FIP), denn dem niederschwelligen Zugang zum Impfen in Apotheken käme eine besondere Rolle bei der Erhöhung der Impfquote zu.

Andererseits muss erwähnt werden, dass einige sinnlose Maßnahmen – wie das Tragen von FFP2-Masken in der Öffentlichkeit – von der WHO nicht empfohlen wurden. Das Mitführen eines Impfpasses als Voraussetzung für internationale Reisen wurde von der WHO ebenfalls nicht empfohlen. Mittlerweile hat die WHO jedoch angekündigt, das digitale COVID-19-Zertifikat der EU zu übernehmen, um damit ein globales System in puncto (Reise-) Mobilität zu etablieren.[390]

---

388 *https://www.who.int/emergencies/diseases/novel-coronavirus-2019/covid-19-vaccines/advice*

389 *https://www.pharmazeutische-zeitung.de/grippe-und-covid-19-impfung-zusammen-sicher-und-sinnvoll-135400/*

390 *https://www.who.int/news/item/05-06-2023-the-european-commission-and-who-launch-landmark-digital-health-initiative-to-strengthen-global-health-security*

Wie finanziert sich die WHO eigentlich?

Über die Finanzierung der WHO haben wir bereits im Buch „Raus aus dem Corona-Chaos“ berichtet. Trotzdem wird, aus Gründen der Vollständigkeit, im Folgenden eine aktuelle Übersicht der wichtigsten WHO-Geldgeber (Top contributors) angeführt:

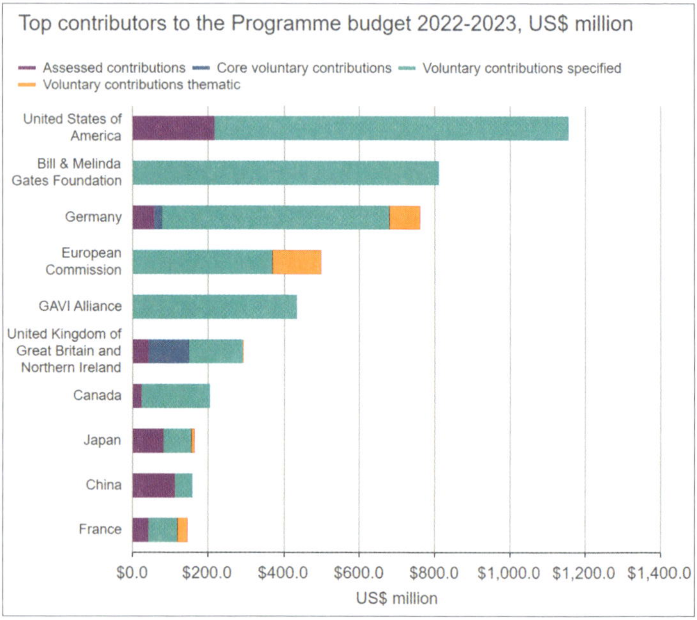

https://www.who.int/about/accountability/results/who-results-report-2022-mtr/budget-implementation

In der o. a. Grafik wird unterschieden zwischen Pflichtbeiträgen (violette Balken) und freiwilligen Beiträgen (blaue Balken). Türkise Balken stehen für spezifizierte Spenden und die orangefarbenen bezeichnen Beiträge für bestimmte Vorhaben („Themen“). Aus dieser Grafik ist weiters abzuleiten, dass der größte Geldgeber der WHO die USA sind, gefolgt von der Bill & Melinda Gates-Stiftung, die ausschließlich spezifizierte Spenden einbezahlt! Dieses Spendengeld darf also nur für jene Zwecke ausgegeben werden, welche die Bill & Melinda Gates-Stiftung vorgibt. Danach folgen die Geldgeber Deutschland und die Europäische Kommission. An fünfter Stelle steht die Impfallianz GAVI. [391] Die Top Ten schließen Großbritannien, Kanada, Japan, China und Frankreich.

Wer leitet die WHO?

In meinen Interviews habe ich mich dem wichtigsten Mann der WHO, dem Generaldirektor, bereits gewidmet. Der aktuelle WHO-Generaldirektor, Dr. Tedros Adhanom Ghebreyesus, hat eine äußerst interessante Vergangenheit. [392] Daten dazu waren auf einer Tafel, die ich bei Interviews präsentierte, angeführt. Bürgern, die des Öfteren meine Reden im Parlament oder in den Medien mitverfolgen, ist bekannt, dass ich auch immer mit optischen Mitteln – „Taferln" – arbeite, damit die wichtigsten Inhalte einer Rede auf einen Blick erkennbar sind. In Folge eine meiner Tafeln zu ausgewählten Daten aus dem Lebenslauf des WHO-Generaldirektors:

Weitere Positionen von
Dr. Tedros A. Ghebreyesus

○ 2005 - 2006	**Stop TB Partnership:** Vorstandsmitglied
○ 2005 - 2012	**Äthiopien:** Gesundheitsminister
○ 2008 - 2009	**GAVI:** Vorstandsmitglied
○ 2009 - 2011	**The Global Fund:** Vorsitzender
○ Seit 2012	**IGAD:** Vorsitzender
○ 2012 - 2016	**Äthiopien:** Außenminister
○ 2013	**AIDS Watch Africa:** Vorsitzender
○ 2013	**African Union:** Vorsitzender
○ Seit 2017	**WHO:** Generaldirektor

391 *https://www.bmz.de/de/service/lexikon/gavi-impfallianz-14402?follow=adword*

392 *https://www.who.int/docs/default-source/who-leadership-team/cv-tedros-dg-candidate-2017.pdf?sfvrsn=19d86e05_2*

Während des „Wahlkampfs“ von Tedros für den Posten des WHO-Generaldirektors wurden diverse Vorwürfe gegen seine Person laut. „Als Mitglied der äthiopischen Regierung sei Ghebreyesus auch für deren Menschenrechtsverletzungen verantwortlich“, hieß es. „Außerdem habe er mehrmals Cholera-Epidemien verheimlicht, um seine Heimat nicht in ein schlechtes Licht zu rücken.“ [393] Kritisiert wurde auch, dass Tedros über die Maßen chinafreundlich sei. [394] Im Folgenden angeführt ist eine entsprechende Anfrage einiger EU-Abgeordneter an das EU-Parlament. Die Verfasser dieser Anfrage sind Markus Buchheit, Christine Anderson, Nicolaus Fest, Joachim Kuhs und Bernhard Zimniok aus der ID-Fraktion (Identität und Demokratie).

Anfrage zu den Interessenkonflikten des Generaldirektors der WHO:

Anfrage zur schriftlichen Beantwortung E-000975/2022 an die Kommission

Artikel 138 der Geschäftsordnung

Markus Buchheit (ID), Christine Anderson (ID), Nicolaus Fest (ID), Joachim Kuhs (ID), Bernhard Zimniok (ID)

Es gibt Anhaltspunkte, die Zweifel daran aufkommen lassen, ob Tedros Adhanom Ghebreyesus, Generaldirektor[1] der Weltgesundheitsorganisation (WHO)[2], in Bezug auf China frei von Interessenkonflikten ist. So hat die WHO SARS-CoV-2 nicht nach dem Ursprungsort Wuhan benannt und hat zudem die Regel bei der Bezeichnung einer Variante des Virus abgeändert, nur um den Buchstaben Xi zu übersprin-

393 *https://www.fr.de/politik/doktor-welt-11077830.html*

394 *https://taz.de/WHO-in-der-Kritik/!5671482/*

gen und Omikron auszuwählen, damit dem Machthaber Chinas eine Peinlichkeit erspart wird.

Des Weiteren wird der WHO vorgeworfen, die Kontrolle über die Zahl der aus China gemeldeten Opfer der Pandemie behalten zu wollen. So hat Tedros Adhanom Ghebreyesus „übertriebene Angaben über die Zahl der Kranken und Toten" in China als Falschmeldungen abgetan. Beide Verhaltensweisen decken sich in auffälliger Weise mit den Zielen der chinesischen Regierung.

1. *Teilt die Kommission angesichts dieser Umstände die Auffassung, dass nicht ausgeschlossen werden kann, dass Tedros Adhanom Ghebreyesus bei der Wahrnehmung seiner Amtspflichten parteiisch ist?*

2. *Sind der Kommission Anhaltspunkte bekannt, wonach Tedros Adhanom Ghebreyesus ein Interesse daran haben könnte, sich auf die Seite Chinas zu schlagen?*

3. *Ist die Kommission der Ansicht, dass, wenn die WHO tatsächlich kein glaubwürdiger neutraler Akteur ist, der im Namen aller Mitglieder der Organisation handelt, die Gefahr besteht, dass die Bekämpfung von COVID-19 nicht erfolgreich sein wird?*

Die EU-Kommission entgegnete in ihrer Antwort auf diese Anfrage: „Die Kommission kann zu Annahmen keine Stellung nehmen …"

Wir haben Fr. Christine Anderson, Mitglied im EU-Parlament (AfD) ein paar Fragen gestellt:

Wer leistet im EU-Parlament Widerstand gegen die geplante Machtübernahme der WHO?

Von den insgesamt 705 Mitgliedern im EU-Parlament lehnt lediglich eine Minderheit, die ich zahlenmäßig auf etwa 150 einschätzen möchte, das Vorhaben der geplanten WHO-Gesundheitsdiktatur ab. Diese Mitglieder würden bei einer eventuellen Abstimmung im EU-Parlament gegen die geplante Ermächtigung der WHO stimmen.

Es reicht m. E. aber nicht aus, seine Ablehnung nur im Abstimmungsverhalten zum Ausdruck zu bringen. Der Vorstoß der globalitären Misanthropen, die Volksherrschaft faktisch abschaffen zu wollen, bedarf des proaktiven Engagements, welches aber lediglich 20 bis 25 Mitglieder des Europaparlaments zu erbringen bereit sind. In erster Linie sind das Ms Francesca Donato (Italien), Ms Virginie Joron (France), Christian Terhes (Rumänien), Ivan Sincic (Kroatien), Mislav Kolakusic (Kroatien) und Mr. Rob Roos (Niederlande).

Welche Initiativen haben Sie zur Verhinderung der WHO-Gesundheitsdiktatur gesetzt?

Von entscheidender Bedeutung ist zunächst einmal, die Bürger darüber aufzuklären, was genau geplant ist und wie sich das konkret auf unsere Demokratie auswirken wird. Meine Kollegen und ich haben im EU-Parlament über den WHO-Pandemie-Vertrag diskutiert 395 und zahlreiche Expertenanhörungen organisiert 396, um sicherzustellen, dass Entscheidungsträger Demokratie und Rechtsstaatlichkeit respektieren. Zudem habe ich eine parlamentarische Anfrage an die EU-Kommission gestellt. 397 Außerdem betreibe ich regelmäßig Aufklärungsarbeit über die sozialen Medien.

---

395 *https://www.europarl.europa.eu/doceo/document/CRE-9-2023-04-19-INT-3-294-0000_DE.html*

396 *https://christineanderson.eu/demokratie-rechtsstaatlichkeit-im-lichte-der-neuen-who-vertraege-live-stream/*

397 *https://www.europarl.europa.eu/doceo/document/P-9-2022-000921_EN.html*

Wie können wir die WHO-Gesundheitsdiktatur verhindern?

Das wird nur gelingen, wenn der Druck der Bürger auf die Entscheidungsträger erhöht wird. So lange die Bürger die gegen ihre Interessen gerichtete Politik nicht konsequent an der Wahlurne abstrafen, ist es für die einzelnen Abgeordneten grundsätzlich vorteilhafter, die Agenden der globalistischen Misanthropen zu unterstützen.

Tedros' Heimatland stimmte gegen dessen Wiederwahl zum Generaldirektor der WHO

Trotz massiver Kritik wurde Tedros Adhanom Ghebreyesus im Mai 2017 auf der 70. Weltgesundheitsversammlung für eine Amtszeit von fünf Jahren zum Generaldirektor der WHO gewählt und im April 2022 wiedergewählt. Zu bedenken ist, dass ihn sein eigenes Land – Äthiopien – zur Wiederwahl NICHT empfohlen hatte. Vielmehr war Äthiopien dezidiert gegen Tedros. Die Neue Zürcher Zeitung veröffentlichte am 28. Mai 2022 einen Artikel zu diesem Thema. Die Überschrift lautete: „Tedros Adhanom Ghebreyesus, der erste afrikanische WHO-Chef, tritt seine zweite Amtszeit an. Ein Land ist besonders unglücklich darüber: Tedros' Heimat Äthiopien." [398] Und weiter: „Mit Gesundheitspolitik hat der Widerstand der äthiopischen Regierung nichts zu tun. Sondern mit Tedros' Verbindungen zu den Rebellen in Tigray." [399] „Tedros war ein Mitglied des Politbüros der TPLF [Tigray People's Liberation Front; auf Deutsch: Volksbefreiungsfront von Tigray, Anm.] und diente in von der Befreiungsfront dominierten früheren Koalitionsregierungen in Addis Abeba als Gesundheits- und als Außenminister. Als er 2017 zum

---

398 *https://www.nzz.ch/international/who-chef-tedros-ist-wiedergewaehlt-zum-aerger-aethiopiens-ld.1686095?reduced=true*

399 *https://www.nzz.ch/international/who-chef-tedros-ist-wiedergewaehlt-zum-aerger-aethiopiens-ld.1686095*

Chef der WHO gewählt wurde, erhob sich Kritik in Äthiopien, da es während der Regierungszeit der TPLF von 1991 bis 2018 schwere Menschenrechtsverstöße gegeben habe.“ [400] Auch weitere, jedoch unbelegte, Vorwürfe gab es aus Äthiopien. Wer aber wollte Tedros als WHO-Generaldirektor? „Vertreter von insgesamt 28 Staaten, darunter auch Deutschlands, Österreichs, Luxemburgs sowie der meisten europäischen Staaten, schlugen Ghebreyesus [sic] zur Wiederwahl vor. Er blieb der einzige vorgeschlagene Kandidat und wurde im Mai 2022 auf der 75. Weltgesundheitsversammlung für eine zweite Amtszeit gewählt.“ [401]

Wer steckt hinter der Impfallianz GAVI?

Werfen wir einen weiteren Blick auf den Lebenslauf des WHO-Generaldirektors: Tedros Adhanom Ghebreyesus war von 2008 bis 2009 Vorstandsmitglied der GAVI. GAVI steht für „Global Alliance for Vaccines and Immunisation“ und bedeutet „Globale Allianz für Impfstoffe und Immunisierung“. Aufgabe dieser Organisation ist es, eine weltweite Durchimpfung der Bevölkerung zu erreichen und zwar auch im Auftrag der Bill & Melinda Gates-Stiftung. Auf diese Weise spielt man der Pharmaindustrie in die Hände, konkret den mRNA-Impfstoffherstellern BioNTech [402], Pfizer [403] und Moderna [404], in die auch die Bill & Melinda Gates-Stiftung investiert hat.

Folgende Tafel präsentierte ich in meinen Vorträgen:

---

400 *https://www.diepresse.com/5900724/schwere-anschuldigungen-gegen-who-chef-tedros*

401 *https://de.wikipedia.org/wiki/Tedros_Adhanom_Ghebreyesus*

402 *https://investors.biontech.de/news-releases/news-release-details/biontech-announces-new-collaboration-develop-hiv-and/*

403 *https://sif.gatesfoundation.org/investments/pfizer/*

404 *https://investors.modernatx.com/news/news-details/2018/Moderna-Closes-500-Million-Equity-Financing/default.aspx*

Die Impf-Allianz GAVI wurde am 31. Januar 2000 [405] beim Weltwirtschaftsforum (World Economic Forum, WEF) als Lobbyorganisation und Stiftung in Davos gegründet. Die Aktivitäten des WEF fasst Wikipedia folgendermaßen zusammen: „Das WEF fordert mit Initiativen wie dem «Global Redesign» und dem «Great Reset» einen „Multistakeholder-Governance-Ansatz“, um globale Entscheidungen nicht zwischenstaatlich, sondern in «Koalitionen» mit multinationalen Konzernen und zivilgesellschaftlichen Organisationen zu treffen.“ [406] Das WEF hat Beobachterstatus beim Wirtschafts- und Sozialrat der Vereinten Nationen (United Nations). Die WHO, ebenfalls eine Sonderorganisation der UN, wird finanziell durch die Impfallianz GAVI unterstützt. Gründungspartner von GAVI war die Bill & Melinda Gates-Stiftung. [407] Auf der Berliner Geberkonferenz 2015 kündigte die Bill & Melinda Gates-Stiftung eine Spende von 1,55 Milliarden US-

405 *https://www.globalcitizen.org/en/content/gavi-20th-anniversary-davos/*

406 *https://de.wikipedia.org/wiki/Weltwirtschaftsforum*

407 *https://www.gavi.org/investing-gavi/funding/donor-profiles/bill-melinda-gates-foundation*

Dollar an die Impfallianz GAVI für die nächste strategische Periode (2016 bis 2025) an.[408]

Welche Verbindungen hat Österreich zur Impfallianz GAVI?

Ich habe unsere Minister zu den Verbindungen Österreichs zur Impfallianz GAVI befragt. Hier die Antworten:

Antwort von Gesundheitsminister Johannes Rauch (in der Beantwortung 13957/AB[409] vom 28. April 2023 auf die Anfrage 14456/J[410] vom 1. März 2023):

> **Fragen 26 und 27:**
>
> - *Welche Verbindungen hat die österreichische Regierung zur Impfallianz COVAX?*
> - *Welche Verbindungen hat die österreichische Regierung zur Impfallianz GAVI?*
>
> COVAX ist eine globale Initiative, die 2020 als Reaktion auf die COVID-19-Pandemie gegründet wurde und die darauf abzielt, einen gerechten Zugang zu COVID-19-Impfstoffen für alle Länder zu gewährleisten. Es handelt sich dabei um eine Zusammenarbeit zwischen der Gavi-Impfallianz, der Coalition for Epidemic Preparedness Innovations (CEPI) und der Weltgesundheitsorganisation (WHO).
>
> Die Gavi-Impfallianz ist eine gemeinnützige Stiftung, die als Hauptakteur der COVAX-Initiative an der gerechten Verteilung von COVID-19-Impfstoffen arbeitet.
>
> Gavi und COVAX arbeiten mit Regierungen, Impfstoffherstellern und anderen Organisationen wie bspw. UNICEF zusammen, um Impfstoffe in großem Umfang zu beschaffen und sie weltweit an bedürftige Länder zu verteilen.
>
> Im Sinne der internationalen Solidarität hat mein Ressort im Einvernehmen mit dem Bundesministerium für europäische und internationale Angelegenheiten die internationalen Bemühungen zur Bekämpfung der Pandemie durch Impfstoffspenden an COVAX über die Gavi-Impfallianz unterstützt.

---

408 *https://www.tagesspiegel.de/gesellschaft/panorama/die-impfallianz-gavi-kann-weiter-arbeiten-5177809.html*

409 *https://www.parlament.gv.at/gegenstand/XXVII/AB/13957*

410 *https://www.parlament.gv.at/gegenstand/XXVII/J/14456*

Der Bundesminister für europäische und internationale Angelegenheiten Alexander Schallenberg beantwortete dieselben Fragen wie folgt (Beantwortung 13956/AB [411] vom 28. April 2023 der Anfrage 14451/J [412] vom 1. März 2023):

> **Zu den Fragen 26 und 27:**
>
> - *Welche Verbindungen hat die österreichische Regierung zur Impfallianz COVAX?*
> - *Welche Verbindungen hat die österreichische Regierung zur Impfallianz GAVI?*
>
> Die Global Vaccine Alliance (GAVI) ist eine weltweit tätige Allianz öffentlicher und privater Einrichtungen die es sich zur Aufgabe gemacht hat, die Welt vor der Bedrohung durch Epidemien und Pandemien zu schützen. GAVI leitet gemeinsam mit der Coalition for Epidemic Preparedness Innovations (CEPI) und der Weltgesundheitsorganisation (WHO) die Impfsäule COVAX. Bislang wurden über COVAX insgesamt 1,95 Mrd. Impfdosen an 146 bedürftige Länder geliefert. Österreich zeigt sich in der Pandemie solidarisch und unterstützt bedürftige Staaten. Österreich hat deshalb bisher Beiträge in Höhe von 7,5 Mio. Euro für COVAX sowie 2 Mio. Euro für CEPI geleistet. Darüber hinaus hat Österreich bereits mehr als 10,1 Mio. in Österreich nicht benötigte Impfdosen an Länder in der Nachbarschaft und Partnerländer geschickt. Dies erfolgt entweder bilateral oder über COVAX. Zuletzt wurden im Februar 2023 über 400.000 Impfdosen an Nepal und im März 2023 über 50.000 Impfdosen an Madagaskar geliefert. Für weitere Details betreffend die österreichischen Spenden von Impfdosen verweise ich auf meine Beantwortung der parlamentarischen Anfrage Zl. 14131/J-NR/2023 vom 14. Februar 2023.

Ich fasse zusammen:

GAVI und COVAX sind Organisationen zur Verteilung von Impfstoffen und daher auch von COVID-19-Vakzinen. GAVI leitet zusammen mit CEPI und WHO die Impfsäule COVAX.

Anmerkung: Laut Wikipedia ist CEPI (Coalition for Epidemic Preparedness Innovations) „eine weltweite Allianz in öffentlich-privater Partnerschaft zwischen Regierungen, der WHO, der EU-Kommission, Forschungseinrichtungen, der Impfstoff-Industrie und privater Geldgeber, u. a. der Bill & Melinda Gates-Stiftung, zum Aufbau eines Forschungsnetzwerks zur Erforschung und Entwicklung neuer Impfstoffe

411 *https://www.parlament.gv.at/gegenstand/XXVII/AB/13956*

412 *https://www.parlament.gv.at/gegenstand/XXVII/J/14451*

zur besseren und direkteren Reaktion auf eventuell bevorstehende Ausbrüche neuer viraler Infekte.“ [413] COVAX arbeitet mit Regierungen, Impfstoffherstellern und z. B. mit UNICEF (Kinderhilfswerk der Vereinten Nationen/UN) zusammen.

Auch Klaus Schwab, der Vorsitzende des World Economic Forums, bekennt sich zur Impfallianz COVAX. Er bezeichnete COVAX als „Lichtblick“ und meinte, dass dank COVAX auch Schwellenländer und die am wenigsten entwickelten Länder dadurch Zugang zu Impfstoffen bekommen. Zudem betonte Schwab im selben Interview: „Wir können nicht zur alten Normalität zurückkehren.“ [414]

Weitere Lebensstationen des WHO-Generaldirektors Tedros Adhanom Ghebreyesus sind eng mit der Impfallianz GAVI und dadurch auch mit der Bill & Melinda Gates-Stiftung verflochten.

Tedros im Dickicht von Stiftungen, Allianzen und Gesundheitsorganisationen

Der Vorstand des „Globalen Fonds“ (The Global Fund) zur Bekämpfung von AIDS, Tuberkulose und Malaria hatte Tedros im Jahr 2009 zum neuen Vorsitzenden gewählt. [415] Die Organisation erhielt auch finanzielle Unterstützung durch die Bill & Melinda Gates-Stiftung [416] und hat mit GAVI zusammengearbeitet (siehe Bild).

---

413 *https://de.wikipedia.org/wiki/Coalition_for_Epidemic_Preparedness_Innovations*

414 *https://de.euronews.com/2020/11/17/klaus-schwab-wir-konnen-nicht-zur-alten-normalitat-zuruckkehren*

415 *https://www.theglobalfund.org/en/news/2009/2009-07-10-global-fund-board-appoints-minister-of-health-of-ethiopia-as-chair/*

416 *https://de.wikipedia.org/wiki/Bill_%26_Melinda_Gates_Foundation*

Quelle: https://www.theglobalfund.org/media/13174/partnership_gavi-global-fund_report_en.pdf

In den Jahren 2005 bis 2006 war Tedros Vorstandsmitglied bei „Stop TB Partnership". [417] Geldgeber dieser Organisation sind die Bill & Melinda Gates-Stiftung, The Global Fund to Fight AIDS, Tuberculosis and Malaria, UNITAID, USAID und andere. [418]

Quelle: https://www.theglobalfund.org/media/11422/publication_tb-ict-technology_report_en.pdf

417 https://www.who.int/docs/default-source/who-leadership-team/cv-tedros-dg-candidate-2017.pdf

418 Our Donors | Stop TB Partnership

2013 war Tedros Vorsitzender von AIDS Watch Africa (AWA). Diese Organisation „wurde nach einem Sondergipfel afrikanischer Staats- und Regierungschefs im April 2001 in Abuja, Nigeria, gegründet, um die Herausforderungen von HIV/AIDS, Tuberkulose, Malaria und anderen damit verbundenen Infektionskrankheiten in Angriff zu nehmen. Der Sondergipfel folgte der auf ihrem Gipfel im Juli 2000 in Lomé (Togo) gefassten Entscheidung der AU-Versammlung (AU steht für African Union, in der Tedros zur selben Zeit Vorsitzender war), der Bekämpfung dieser Krankheiten Priorität einzuräumen …“ [419] Unter den Spendengebern an die African Union (AU) befindet sich, wieder einmal, die Bill & Melinda Gates-Stiftung! [420, 421]

Man erkennt hier sehr deutlich die extrem engmaschigen Verflechtungen der verschiedenen Organisationen mit der Bill & Melinda Gates-Stiftung. Der WHO-Generaldirektor war offensichtlich bereits vor seiner jetzigen Funktion in diesen Strukturen etabliert. Er war und ist ein maßgeblicher Akteur dieses Geflechts und eng mit der Impfindustrie verwoben.

Welche Änderungen plant die WHO?

Derzeit arbeitet die WHO in Bezug auf die internationale Gesundheitspolitik an einschneidenden Veränderungen. Falls diese umgesetzt werden, bedeutet dies weitreichende Eingriffe sowohl in das Leben jedes einzelnen Menschen als auch in die politische Realität.

Erstens wird ein Internationaler Pandemievertrag verhandelt und zweitens sind Änderungen der Internationalen Gesund-

---

419 https://au.int/sites/default/files/pages/32894-file-aids_watch_4pp_en_v3.pdf

420 African Union Commission | Bill & Melinda Gates Foundation

421 African Union Development Agency - New Partnership for Africa's Development | Bill & Melinda Gates Foundation

heitsvorschriften (2005) der WHO geplant. Die Internationalen Gesundheitsvorschriften (Englisch: International Health Regulations (IHR)) sind völkerrechtlich bindende Vorschriften der WHO, um eine grenzüberschreitende Ausbreitung von Krankheiten zu verhindern und zu bekämpfen.

Aber der Reihe nach! Werfen wir zuerst einen Blick auf die geplanten Änderungen der Internationalen Gesundheitsvorschriften (2005) der WHO, die derzeit verhandelt werden.

Was soll bei den Internationalen Gesundheitsvorschriften verhandelt werden?

Aktuell werden Änderungen der Internationalen Gesundheitsvorschriften der WHO aus dem Jahr 2005 vorbereitet. Die Weltgesundheitsversammlung der WHO tagte zuletzt im Mai 2023 in Genf, um über die Änderungen der Internationalen Gesundheitsvorschriften (2005) der WHO zu verhandeln. Voraussichtlich sollen diese Änderungen im Mai 2024 final verabschiedet werden. Im Entwurf zu den Änderungen der Gesundheitsvorschriften vom November 2022 sind Vorschläge enthalten, die jedem demokratisch orientierten Menschen „die Haare zu Berge stehen lassen".

Zum Beispiel ist unter Artikel 3 „Grundsätze" der unglaubliche Vorschlag enthalten, die „uneingeschränkte Achtung der Würde des Menschen, die Menschenrechte und die Grundfreiheiten von Personen" aus den Internationalen Gesundheitsvorschriften der WHO zu streichen!

Gleich im Anschluss, ein Ausschnitt aus dem offiziell zugänglichen Dokument der WHO zu den Änderungsvorschlägen der Gesundheitsvorschriften mit unserer deutschen Übersetzung: [422]

---

422 *https://apps.who.int/gb/wgihr/pdf_files/wgihr1/WGIHR_Compilation-en.pdf*

World Health Organization

Article by Article Compilation of Proposed Amendments
to the International Health Regulations (2005) submitted by States Parties
in the context of Decision WHA75(9)[2]

Article 3 Principles

1. The implementation of these Regulations shall be ~~with full respect for the dignity, human rights and fundamental freedoms of persons~~ **based on the principles of equity, inclusivity, coherence and in accordance with their common but differentiated responsibilities of the States Parties, taking into consideration their social and economic development**.

Artikel 3 Grundsätze:

1. Die Durchführung dieser Regelungen erfolgt ~~unter uneingeschränkter Achtung der Würde, der Menschenrechte und der Grundfreiheiten von Personen~~ auf der Grundlage der Grundsätze der Gleichheit, der Inklusivität und der Kohärenz sowie im Einklang mit den gemeinsamen, aber unterschiedlichen Verantwortlichkeiten der Vertragsstaaten und unter Berücksichtigung ihrer sozialen und wirtschaftlichen Entwicklung.

Quelle: World Health Organization

Was sagten die Minister in Österreich zu diesen möglichen Änderungen der Internationalen Gesundheitsvorschriften?

In Bezug auf die geplanten Änderungen der Gesundheitsvorschriften der WHO befragte ich im Januar 2023 mehrere Bundesminister:

13569/J
vom 19.01.2023 (XXVII. GP)

1 von 11

ANFRAGE

des Abgeordneten Mag. Gerald Hauser
an die Bundesministerin für EU und Verfassung

betreffend Streichung der uneingeschränkten Achtung der Würde, der Menschenrechte und der Grundfreiheiten von Personen laut Vorschlägen der WHO zu den Änderungen der Internationalen Gesundheitsvorschriften (2005) der WHO

Die WHO arbeitet daran, ein international gültiges Abkommen zur Pandemieprävention, -vorbereitung und -reaktion (Pandemic prevention, preparedness and response accord)[1] und die Änderungen der internationalen Gesundheitsvorschriften (2005) der WHO durchzusetzen.

Antwort von Gesundheitsminister Johannes Rauch (Beantwortung 13158/AB [423] vom 16. März 2023 auf die Anfrage 13568/J [424] vom 19. Januar 2023)

13158/AB

vom 16.03.2023 zu 13568/J (XXVII. GP)

1 von 7

Bundesministerium
Soziales, Gesundheit, Pflege
und Konsumentenschutz

sozialministerium.at

Johannes Rauch
Bundesminister

Herrn
Mag. Wolfgang Sobotka
Präsident des Nationalrates
Parlament
1017 Wien

Geschäftszahl: 2023-0.128.264

Wien, 9.3.2023

Sehr geehrter Herr Präsident!

Ich beantworte die an mich gerichtete schriftliche parlamentarische **Anfrage Nr. 13568/J der Abgeordneten Mag. Gerald Hauser betreffend Streichung der uneingeschränkten Achtung der Würde, der Menschenrechte und der Grundfreiheiten von Personen laut Vorschlägen der WHO zu den Änderungen der Internationalen Gesundheitsvorschriften (2005) der WHO** wie folgt:

---

423 *Streichung der uneingeschränkten Achtung der Würde, der Menschenrechte und der Grundfreiheiten von Personen laut Vorschlägen der WHO zu den Änderungen der Internationalen Gesundheitsvorschriften (2005) der WHO (13158/AB) | Parlament Österreich. https://www.parlament.gv.at/dokument/XXVII/AB/13158/imfname_1545300.pdf*

424 *Streichung der uneingeschränkten Achtung der Würde, der Menschenrechte und der Grundfreiheiten von Personen laut Vorschlägen der WHO zu den Änderungen der Internationalen Gesundheitsvorschriften (2005) der WHO (13568/J) | Parlament Österreich. https://www.parlament.gv.at/gegenstand/XXVII/J/13568*

Hier ein Auszug (Seite 4) aus der Antwort des Gesundheitsministers zu den Änderungsvorschlägen der Gesundheitsvorschriften:

Die 75. Weltgesundheitsversammlung hat per Beschluss WHA75(9) im Mai 2022 die „Working Group on Amendments to the International Health Regulations (2005)" (WGIHR) mandatiert, gezielte Änderungen der Internationalen Gesundheitsvorschriften (2005) (IHR (2005)) im Hinblick auf eine Annahme dieser Änderungen durch die 76. Weltgesundheitsversammlung im Mai 2024 zu prüfen. Die WGIHR steht allen WHO-Mitgliedstaaten sowie Organisationen der regionalen Wirtschaftsintegration, worunter die EU fällt, offen.

Mit Beschluss (EU) 2022/451 des Rates vom 3. März 2022 hat der Rat die (Europäische) Kommission ermächtigt, über ergänzende Änderungen der Internationalen Gesundheitsvorschriften (2005) zu verhandeln.[425]

Hier ein weiterer Auszug aus der Beantwortung des Gesundheitsministers zum Vorschlag der Streichung der uneingeschränkten Achtung der Würde, der Menschenrechte und der Grundfreiheiten von Personen aus den IGV (2005) der WHO (Seite 5):

Der Änderungsvorschlag, auf den in der parlamentarischen Anfrage Bezug genommen wird, wurde von Indien eingebracht. Dieses Konvolut an Änderungsvorschlägen stellt lediglich eine Zusammenstellung der von WHO-Mitgliedstaaten eingereichten Vorschläge und somit nur die Ausgangsbasis für die Verhandlungen im Rahmen der WGIHR

425 *Streichung der uneingeschränkten Achtung der Würde, der Menschenrechte und der Grundfreiheiten von Personen laut Vorschlägen der WHO zu den Änderungen der Internationalen Gesundheitsvorschriften (2005) der WHO (13158/AB) | Parlament Österreich – Seite 4. https://www.parlament.gv.at/dokument/XXVII/AB/13158/imfname_1545300.pdf*

dar. Es ist folglich weder als fertiges Verhandlungsergebnis noch als offizieller Vorschlag der Weltgesundheitsorganisation zu werten. [426]

Nicht verfassungskonform: Streichung von Grundrechten aus den Gesundheitsvorschriften der WHO

Damit bestätigte der Minister im März 2023 zunächst einmal, dass der Vorschlag zur Streichung der uneingeschränkten Achtung der Würde, der Menschenrechte und der Grundfreiheiten von Personen zur Verhandlung stand. Was jedoch sehr nachdenklich stimmt, ist der Umstand, dass der Minister in seiner Antwort nicht ausschloss, dass die österreichische Regierung diesen Änderungsvorschlag unterstützen werde. Es wurde damals nicht erwähnt, dass diese o. a. Streichung mit unserem Rechtsverständnis nicht vereinbar ist. Es wurde auch nicht festgehalten, dass die Würde des Menschen unantastbar ist, wie in der Charta der Grundrechte der Europäischen Union unter Artikel 1 festgelegt ist. [427] Auch der Artikel 3 „Recht auf Unversehrtheit" ist in der Charta der EU verankert.

Nach Rechtsprechung des Österreichischen Verfassungsgerichtshofs (VfGH 14. 03. 2012, U 466/11 ua.) [428] können in einem gewissen Rahmen auch von der Grundrechte-Charta der EU garantierte Rechte „als verfassungsgesetzlich gewährleistete Rechte Prüfungsmaßstab in Verfahren vor dem Verfassungsgerichtshof" sein. Verfassungsgesetzlich gewährleistete Grund- und Menschenrechte umfassen in Österreich z.B. das Recht auf Leben, das Recht, keiner unmenschlichen

426 Streichung der uneingeschränkten Achtung der Würde, der Menschenrechte und der Grundfreiheiten von Personen laut Vorschlägen der WHO zu den Änderungen der Internationalen Gesundheitsvorschriften (2005) der WHO (13158/AB) | Parlament Österreich – Seite 5. https://www.parlament.gv.at/dokument/XXVII/AB/13158/imfname_1545300.pdf

427 https://www.europarl.europa.eu/charter/pdf/text_de.pdf

428 https://www.vfgh.gv.at/verfassungsgerichtshof/rechtsgrundlagen/grundrechte.de.html

oder erniedrigenden Strafe oder Behandlung unterworfen zu werden, das Recht auf persönliche Freiheit, das Recht auf Unverletzlichkeit des Eigentums, das Recht auf Meinungsäußerungsfreiheit, etc.[429] Diese in Österreich verfassungsgesetzlich gewährleisteten Grund- und Menschenrechte sind mit den Verhandlungen zum Internationalen Pandemievertrag und möglichen Beschlüssen der Änderungen der Internationalen Gesundheitsvorschriften durch die WHO-Weltgesundheitsversammlung von starker Einschränkung oder sogar Aufhebung bedroht.

Die Diskussion zur Streichung der Menschenwürde, der Menschenrechte und der Grundfreiheiten von Personen aus den Internationalen Gesundheitsvorschriften (2005) der WHO war bzw. ist aus meiner Sicht eine politische Bombe. Grund- und Menschenrechte sind Rechte, die unsere Vorfahren für uns erkämpft haben und die uns schützen sollen.

Weltweit regt sich daher Widerstand gegen den Änderungsvorschlag zur Streichung der Grund- und Menschenrechte aus den Gesundheitsvorschriften der Weltgesundheitsorganisation. Immer mehr Privatpersonen, Anwälte, Mediziner, aber auch Politiker formieren sich gegen dieses Vorhaben. Auch ich habe im Parlament und in alternativen Medien auf den ungeheuerlichen Vorschlag zur Streichung der Grund- und Menschenrechte aus den Gesundheitsvorschriften der WHO immer und immer wieder hingewiesen.

Der internationale Protest und Widerstand scheint Früchte zu tragen. In einer späteren Anfragebeantwortung zu den Änderungsvorschlägen der Internationalen Gesundheitsvorschriften erklärte der Gesundheitsminister (Beantwortung

---

429 https://www.oesterreich.gv.at/lexicon/G/Seite.991535.html

Die im Plenum während der Nationalratssitzung verwendete Tafel

14836/AB [430] vom 14. August 2023 auf die Anfrage 15333/J [431] vom 14. Juni 2023) zum Vorschlag der Streichung der uneingeschränkten Achtung der Würde, der Menschenrechte und der Grundfreiheiten von Personen aus den IGV (2005) der WHO im August 2023 (Seite 4):

> *Neben der gesamten EU haben damals auch andere Mitgliedstaaten klar gegen diesen Vorschlag Stellung bezogen, weswegen dieser zeitnah wieder von Indien zurückgenommen wurde.* [432] Soweit die Antwort des Gesundheitsministers aus der Beantwortung vom August 2023.

430 *nationalstaatlicher Souveränität Österreichs im Zusammenhang mit den geplanten Änderungen der Internationalen Gesundheitsvorschriften WHO (2005) im Zuge der Einführung des Internationalen Pandemievertrages (14836/AB) | Parlament Österreich. https://www.parlament.gv.at/gegenstand/XXVII/AB/14836*

431 *nationalstaatlicher Souveränität Österreichs im Zusammenhang mit den geplanten Änderungen der Internationalen Gesundheitsvorschriften WHO (2005) im Zuge der Einführung des Internationalen Pandemievertrages (15333/J) | Parlament Österreich*

432 *https://www.parlament.gv.at/gegenstand/XXVII/J/15333*

Mit einfallsreichen Zusatzbedingungen Grundrechte in den Vertragstexten einschränken?

Die Einschränkung oder Aufhebung von Grund- und Menschenrechten kann in Verträgen und Vorschriften der WHO jedoch auch unter Verwendung eines anderen Passus in einem Text festgelegt werden:

Im Entwurf des Textes des Präsidiums zum sogenannten Pandemievertrag[433] vom 02.06.2023 lautet die Textpassage zu den Grund- und Menschenrechten im ersten Kapitel „Einleitung" unter Art. 3 „Allgemeine Grundsätze und Konzepte" Abs. 1 „Achtung der Menschenrechte" wie folgt:

> *Die Umsetzung der WHO CA+ (WHO-Konventionsvereinbarung+ bzw. Pandemievertrag) erfolgt unter uneingeschränkter Achtung der Würde, der Menschenrechte und der Grundfreiheiten von Personen, einschließlich des Rechts auf das erreichbare Höchstmaß an Gesundheit, und jede Vertragspartei schützt und fördert diese Rechte und Freiheiten unter gebührender Berücksichtigung der Notwendigkeit spezifischer Maßnahmen zur Gewährleistung der Nichtdiskriminierung, der Achtung der Vielfalt, der Förderung der Gleichstellung der Geschlechter und des „Schutzes" von Personen mit dem Ziel des „erreichbaren Höchstmaßes an Gesundheit in gefährlichen Situationen.*

Das „Recht" auf das „erreichbare Höchstmaß an Gesundheit" liegt laut Meinung der WHO offenbar auch in der Verabreichung von wenig erforschten mRNA-Impfstoffen. Laut Entwurf zum Internationalen Pandemievertrag (Text des Präsidiums) vom 02.06.2023 hat jede Vertragspartei dieses „Recht" auf das „erreichbare Höchstmaß an Gesundheit" unter „gebührender Berücksichtigung der Notwendigkeit spezifischer Maßnahmen"

---

433 https://apps.who.int/gb/inb/pdf_files/inb5/A_INB5_6-en.pdf

zur „Gewährleistung“ der „Nichtdiskriminierung“ und des „Schutzes“ von Personen „in gefährlichen Situationen“ zu „gewährleisten“. Dies kann auch so interpretiert werden, dass zum „Schutz“ von Personen in „gefährlichen Situationen“ eine allfällige Impfpflicht („Notwendigkeit spezifischer Maßnahmen“) verordnet werden kann/muss, um Geimpfte vor der „Diskriminierung“ durch Ungeimpfte zu „schützen“.

Die von der österreichischen Regierung in der Vergangenheit angekündigte Umsetzung der COVID-19-Impfpflicht wird noch vielen Mitbürgern in Erinnerung sein. Wird der Passus „Notwendigkeit spezifischer Maßnahmen“ oder eine ähnliche Textformulierung im Internationalen Pandemievertrag oder in den Internationalen Gesundheitsvorschriften (2005) der WHO durch einen Beschluss in der Weltgesundheitsversammlung festgelegt, können zum „Schutz“ von Personen „in gefährlichen Situationen“, die Grund- und Menschenrechte (z. B. durch eine Impfpflicht, die von der WHO verpflichtend „empfohlen“/verordnet werden kann) in WHO-Vertragsstaaten eingeschränkt bzw. aufgehoben werden. Die definitive Streichung der Grund- und Menschenrechte aus den Internationalen Gesundheitsvorschriften (2005) der WHO ist daher durch eine Hinzufügung eines Passus wie: „Notwendigkeit oder Erfordernis spezifischer Maßnahmen“ zum „Schutz“ von Personen „in gefährlichen Situationen“ in diesen Vorschriften gar nicht notwendig, um Grund- und Menschenrechte beschränken oder aufheben zu können. Wie erkennbar wird, kann die Einschränkung oder Aufhebung der Grund- und Menschenrechte einfach auch in einen interpretationsoffenen Zusatz verpackt werden.

Will man die „Verpflichtende Impfempfehlung“ in die Vertragstexte oder Vorschriften der WHO einschleusen?

Weitere Bedrohungen durch mögliche Beschlüsse zu den Änderungen der Internationalen Gesundheitsvorschriften (2005) der WHO durch die Weltgesundheitsversammlung sind:

Der Vorschlag des neuen Artikels 13A „Internationale gesundheitspolitische Reaktion unter Leitung der WHO", in dem der Absatz 1 enthalten ist:

Sollte dieser Änderungsvorschlag der Internationalen Gesundheitsvorschriften der WHO durch die Weltgesundheitsversammlung beschlossen werden, erkennen die WHO-Vertragsstaaten die WHO als die leitende und koordinierende Behörde für die internationale Reaktion im Bereich der öffentlichen Gesundheit bei internationalen gesundheitlichen Notfällen an und VERPFLICHTEN sich, im Bereich der öffentlichen Gesundheit den Empfehlungen der WHO zu folgen.

Entscheidungen zur Pandemiebekämpfung auf nationaler Ebene würden damit unter die Leitung der WHO fallen! Sollte dieser Artikel durch die Weltgesundheitsversammlung beschlossen werden, würde dies – im Falle eines internationalen Gesundheitsnotstandes – einen massiven Eingriff in die Souveränität der WHO-Vertragsstaaten darstellen.

Im Falle eines internationalen Gesundheitsnotstands könnten zur Durchsetzung der „verpflichtenden WHO-Empfehlungen" in Österreich zum Beispiel auf nationaler Ebene innerstaatliche Rechtsgrundlagen wie das bereits beschlossene „Krisensicherheitsgesetz" oder das neu geplante „Epidemiegesetz" angewandt werden. Mit dem neuen Epidemiegesetz, das laut der Tageszeitung Der Standard noch im Jahr 2023 verabschiedet werden soll, könnte laut Meinung eines Rechtsexperten eine allfällige Impfpflicht wieder eingeführt werden. [434] Mit einem Passus wie z. B. „Notwendigkeit oder Erfordernis spezifischer Maßnahmen" zum „Schutz" von Personen „in gefährlichen Situationen" (siehe oben), der durch einen Be-

---

434 https://www.derstandard.at/story/2000142628881/bessere-regeln-fuer-kuenftige-krisen-wie-ein-neues-epidemiegesetz-aussehen

schluss in der Weltgesundheitsversammlung, im Internationalen Pandemievertrag oder in den Internationalen Gesundheitsvorschriften der WHO festgelegt werden kann, wäre die WHO in die Lage versetzt, im Falle eines internationalen Gesundheitsnotstandes die Verabreichung eines Impfstoffs in WHO-Vertragsstaaten „verpflichtend empfehlen" (= anordnen) zu können. Diese „verpflichtende Empfehlung" (= Anordnung) der WHO könnte in Österreich z. B. unter Anwendung des geplanten Epidemiegesetzes umgesetzt werden. Es ist außerdem anzumerken, dass mit dem Beschluss des neuen Artikels 13A (Änderungsvorschläge IGV (2005) der WHO), in dem der Abs. 1 enthalten ist, im Falle eines internationalen Gesundheitsnotstandes die Grund- und Menschenrechte auf verpflichtende Empfehlung der WHO (z. B. Empfehlung einer Impfpflicht) eingeschränkt oder aufgehoben werden könnten, ohne dies vorab in den Regelwerken der WHO näher definieren zu müssen.

Zudem ist anzumerken, dass eine allfällige Impfpflicht in einem sogenannten „zeitgemäßen" Epidemiegesetz sowohl wörtlich als auch verdeckt durch eine interpretationsoffene Formulierung (wie z. B. „Notwendigkeit spezifischer Maßnahmen" zum „Schutz" von Personen „in gefährlichen Situationen") festgelegt werden könnte.

Die WHO will künftig selbstermächtigt einen gesundheitlichen Notstand ausrufen und Überwachungsszenarien anordnen

Im Artikel 12 „Feststellung einer internationalen gesundheitlichen Notlage, einer regionalen gesundheitlichen Notlage oder eines mittleren Gesundheitsalarms" (IGV (2005) der WHO) soll unter Abs. 2 die Notwendigkeit der Zustimmung der WHO-Vertragsstaaten bei der Entscheidung, ob ein internationaler Gesundheitsnotstand vorliegt, GESTRICHEN werden. Sollte diese Änderung unter Absatz 2 durch die

Weltgesundheitsversammlung beschlossen werden, kann der WHO-Generaldirektor OHNE Zustimmung der WHO-Vertragsstaaten (!) entscheiden, ob ein internationaler Gesundheitsnotstand (= Public Health Emergency of International Concern, PHEIC) vorliegt und denselben jederzeit selbstermächtigt ausrufen. (!)

Laut Anhang 1 Abschnitt A „Kernkapazitäten für Krankheitserkennung, Überwachung und Reaktion auf Notfälle" im neuen Absatz 1 „Änderungsvorschläge der Gesundheitsvorschriften" haben die entwickelten Länder, daher auch Österreich, bei Beschluss durch die Weltgesundheitsversammlung, WHO-Vertragsstaaten, welche Entwicklungsländer sind, finanzielle und technologische Unterstützung zu gewähren. Ziel ist es, Einrichtungen in diesen Staaten auf den neuesten Stand der Technik zu bringen. Obgleich es in Österreich insbesondere im Gesundheitssystem erhebliche, u.a. auch finanzielle Engpässe gibt, sollen, bei Beschluss durch die Weltgesundheitsversammlung – im Falle eines internationalen Gesundheitsnotstandes auf Anforderung der WHO (Neuer Art. 13A Abs.1 Änderungsvorschläge IGV (2005) der WHO) – Gelder der österreichischen Steuerzahler verpflichtend an das Ausland abgegeben werden.(!)

Im Anhang 1 Abschnitt A „Kernkapazitäten für Krankheitserkennung, Überwachung und Reaktion auf Notfälle (…6 „Auf nationaler Ebene" in lit. (f))" in den Änderungsvorschlägen IGV (2005) der WHO soll mit Beschluss durch die Weltgesundheitsversammlung Unterstützung bei der Untersuchung von Krankheitsausbrüchen, der Laboranalyse, der genomischen Sequenzierung von Proben (im eigenen Land oder durch kooperierende Zentren) vereinbart werden. Wie während der COVID-19-„Pandemie" bereits flächendeckend und überschießend praktiziert, könnten dann Testregimes zur Feststellung von Virusinfektionen erneut und rigoros zum Einsatz kommen.

Das Ziel des Internationalen Pandemievertrages

Der geplante Pandemievertrag wird auch „Internationale Übereinkunft über Pandemieprävention, -vorsorge und -reaktion“ genannt und soll sicherstellen, dass bei zukünftigen Pandemien weltweit einheitlich vorgegangen wird. Dieser Vertrag wird derzeit verhandelt und soll im Mai 2024 beschlossen werden. Laut der WHO-Website sind auch der private Sektor und philanthropische Organisationen wie Stiftungen in den Internationalen Pandemievertrag miteingebunden. [435] Damit wird der Einfluss einer Vielzahl nichtstaatlicher Akteure auf die Gestaltung dieses rechtsverbindlichen Instrumentes des Völkerrechtes deutlich.

Der Europäische Rat ermächtigte die Europäische Kommission mit dem Beschluss (EU) 2022/451 des (Europa)-Rates vom 3. März 2022 zur Aufnahme der Verhandlungen für das Internationale Pandemie-Abkommen. Dies geht aus dem Amtsblatt der Europäischen Union vom 21. März 2022 hervor. [436] Das bedeutet: Österreich verhandelt nicht selbst! Damit sind die Verhandlungen sowohl über so wichtige Themen wie Freiheit und Selbstbestimmung als auch über eine mögliche Einschränkung oder Aufhebung der Grund- und Menschenrechte an die EU, und damit an Frau Van der Leyen, übergeben worden! Dasselbe gilt für die Internationalen Gesundheitsvorschriften (2005) der WHO!

Entdemokratisierung durch Pandemievertrag? Nationalstaaten und EU auf dem Abstellgleis?

Auf seiner offiziellen Webseite unterstreicht der Rat der Europäischen Union die Wichtigkeit eines Pandemievertrages.

---

435 *https://www.who.int/news-room/questions-and-answers/item/pandemic-prevention--preparedness-and-response-accord*

436 *https://eur-lex.europa.eu/legal-content/DE/TXT/PDF/?uri=CELEX:32022D0451&from=DE*

„Keine einzelne Regierung oder Organisation kann die Bedrohung durch künftige Pandemien alleine bewältigen“, [437] heißt es auf der Homepage. Ich möchte nur kurz darauf hinweisen, dass Schweden bei der Bewältigung der Pandemie einen anderen Weg als alle anderen Länder beschritten und mit dieser Vorgehensweise meiner Meinung nach recht behalten hat. Mit dem Beitritt zum Internationalen Pandemievertrag, der Akzeptanz und dem Inkrafttreten der Änderungen der Internationalen Gesundheitsvorschriften (2005) der WHO wären solche Sonderwege bezüglich der Pandemiebekämpfung nicht mehr möglich.

Wenn wir dann den folgenden Satz auf der Website des Europarates lesen: „Ein Übereinkommen, eine Vereinbarung oder ein anderes internationales Instrument ist **völkerrechtlich rechtsverbindlich**“, wird klar, wohin die Reise geht. Übrigens, die Worte „völkerrechtlich rechtsverbindlich“ wurden durch den Rat der Europäischen Union hervorgehoben. Man will uns damit unmissverständlich mitteilen, dass weder die einzelnen Nationalstaaten, noch die EU im Falle eines internationalen Gesundheitsnotstands Entscheidungsgewalt besitzen. Diese wird an die WHO – an eine nicht gewählte, und damit demokratisch nicht legitimierte Organisation – übertragen! Dies ist für alle beteiligten Länder, die sich zur Demokratie bekennen, ein sehr beunruhigender Umstand und muss hinterfragt werden; was ich in Form einer Parlamentarischen Anfrage an alle Bundesminister und an den Nationalratspräsidenten Sobotka getan habe:

---

437 *https://www.consilium.europa.eu/de/policies/coronavirus/pandemic-treaty/?ref_src=aimlessnews*

11118/J

vom 31.05.2022 (XXVII. GP)

1 von 4

ANFRAGE

der Abgeordneten Mag. Gerald Hauser
und weiterer Abgeordneter
an den Bundeskanzler

betreffend „Kommt es zur Entdemokratisierung der Gesellschaft durch den Pandemievertrag mit der WHO?"

Die Europaabgeordnete Christine Anderson[1] warnt in einer Videobotschaft[2] vor dem geplanten Vertrag mit der Weltgesundheitsorganisation (WHO). Die WHO bekommt durch den Vertrag Macht über alle Mitgliedsstaaten, kritisiert die EU-Abgeordnete. Der Vertrag bedeute das Ende der Demokratie und den Beginn einer Weltregierung, so Anderson. In diesem Zusammenhang hat sie eine Anfrage an die Kommission gestellt und eine nicht zufriedenstellende Antwort erhalten.[3]

In weiterer Folge finden sich Auszüge aus den Beantwortungen der Minister:

Der Gesundheitsminister schreibt (Beantwortung 10868/AB [438] vom 28. Juli 2022 auf die Anfrage 11119/J [439] vom 31.05.2022) unter anderem:

> Österreich ist Vertragspartei der Satzung der Weltgesundheitsorganisation (WHO), BGBl. Nr. 96/1949 idF BGBl. III Nr. 7/2006, und damit stimmberechtigtes Mitglied im Hauptentscheidungsorgan der WHO, der Weltgesundheitsversammlung (WHA). Beschlüsse der WHA werden von den Mitgliedstaaten grundsätzlich im Konsens getroffen. Als Mitglied der WHO mit Sitz und Stimme in der WHA hat Österreich die Konsensannahme des Beschlusses der WHA vom 1. Dezember 2021 im Rahmen ihrer außerordentlichen Tagung mitgetragen. Demnach ist im WHO-Rahmen ein intergouvernementales Verhandlungsgremium einzurichten, das allen Mitgliedstaaten und außerordentlichen Mitgliedern offensteht (das "INB"), um eine WHO-Konvention, einen Vertrag oder ein anderes internationales Instrument zur Verhinderung von und zur Bereitschaft und Reaktion auf Pandemien auszuarbeiten und auszuhandeln. Ziel ist eine gesteigerte Koordination im internationalen Rahmen, um künftig besser auf Pandemien vorbereitet zu sein und abgestimmt reagieren zu können. Fragen zur möglichen inhaltlichen Ausgestaltung sowie zur möglichen zukünftigen Rechtsform werden Gegenstand zukünftiger Debatten und Verhandlungen im Rahmen des INB sein.

438 https://www.parlament.gv.at/gegenstand/XXVII/AB/10868

439 https://www.parlament.gv.at/gegenstand/XXVII/J/11119

Aus dieser Antwort ersehen wir, dass Österreich die Entscheidung in der Weltgesundheitsversammlung der WHO bezüglich des Erstellens eines Pandemievertrages sehr wohl mitgetragen hat.

Höchst interessant ist auch die Antwort des Bundeskanzlers Karl Nehammer (Beantwortung 10880/AB [440] vom 29.07.2022 der Anfrage 11118/J [441] vom 31. Mai 2022), dass er angeblich über keinerlei Informationen zum Internationalen Pandemievertrag verfüge:

> Dem Bundeskanzleramt liegen keine Informationen zum geschilderten Sachverhalt vor. Darüber hinaus ersuche ich um Verständnis, dass diese Fragen nach den Bestimmungen des Bundesministeriengesetzes 1986 in der nunmehr geltenden Fassung, BGBl. I Nr. 98/2022, nicht Gegenstand meines Vollzugsbereiches sind und somit nicht beantwortet werden können.
>
> Karl Nehammer

Und dies, obwohl einzelne Bürger aus dem Bundeskanzleramt andere Antworten erhielten, was klar aus dem folgenden Beispiel hervorgeht:

440 *„Kommt es zur Entdemokratisierung der Gesellschaft durch den Pandemievertrag mit der WHO?" (10880/AB) | Parlament Österreich*

441 *Kommt es zur Entdemokratisierung der Gesellschaft durch den Pandemievertrag mit der WHO? (11118/J) | Parlament Österreich*

Bundeskanzleramt

bundeskanzleramt.gv.at

Hofrätin
Mag. Maria Auer
Leiterin
Abteilung I/14 Bürgerservice

buergerservice@bka.gv.at
+43 1 531 15 -204012
Ballhausplatz 2, 1010 Wien

Sehr geehrte

Im Namen von Bundeskanzler Karl Nehammer danken wir für Ihr Schreiben.

Ende 2021 haben die 194 WHO-Mitgliedstaaten, zu denen auch Österreich zählt, unter der Federführung der Europäischen Union bei einer Sondersitzung der Weltgesundheitsversammlung beschlossen, einen Internationalen Pandemievertrag zu erarbeiten. Die Gesundheit von Mensch, Tier und der Umwelt stehen hierbei aus österreichischer Sicht im Mittelpunkt. Ferner soll eine verbesserte Koordination im internationalen Rahmen geschaffen werden, um künftig besser auf Pandemien vorbereitet zu sein und abgestimmt reagieren zu können.

Transparenz sowie die Berücksichtigung und Einbeziehung eines möglichst breiten Spektrums an Erfahrungen und Interessen sind die Grundpfeiler des Prozesses zur Schaffung des Internationalen Pandemievertrages. Durch ihn sollen nationale, regionale und globale Kapazitäten der internationalen Gemeinschaft sowie ihre Widerstandsfähigkeit gegenüber künftigen Pandemien gestärkt werden. Dementsprechend wurden nationale Stakeholder frühzeitig beteiligt und über Möglichkeiten, sich am Prozess zu beteiligen, umfangreich informiert.

Die Verhandlungen zur Schaffung des Pandemievertrages werden im Rahmen eines neu eingesetzten „Intergouvernementalen Verhandlungsgremiums" (INB) geführt, welches sich aus den WHO-Mitgliedstaaten zusammensetzt. Die österreichische Delegation für den INB-

Prozess besteht aus Vertreterinnen und Vertretern des Bundesministeriums für europäische und internationale Angelegenheiten (BMEIA), des Gesundheitsministeriums (BMSGPK) und der österreichischen Vertretung in Genf.

Wie bei jedem internationalen Instrument wird die seinerzeitige innerstaatliche Vorgangsweise gemäß der österreichischen Bundesverfassung erfolgen. Erst wenn die Rechtsnatur der von der INB auszuarbeitenden und auszuhandelnden WHO-Konvention, eines Vertrages oder anderen internationalen Instrumentes feststeht, ist eine Entscheidung über die innerstaatliche Vorgangsweise gemäß der Bundesverfassung zu treffen. Als führende internationale Organisation für globale Gesundheitsfragen erlässt die WHO generell Empfehlungen, die für ihre Mitgliedstaaten rechtlich nicht verbindlich sind.

Für weiterführende Auskünfte sowie hinsichtlich Ihrer konkreten Fragestellungen ersuchen wir Sie, sich direkt an die federführend zuständigen Bundesministerien zu wenden. Diese erreichen Sie unter Verwendung folgender Kontaktdaten:

Bundesministerium für Soziales, Gesundheit, Pflege und Konsumentenschutz
Stubenring 1
1010 Wien
Tel.: 0800 201 611
E-Mail: post@sozialministerium.at

Bundesministerium für europäische und internationale Angelegenheiten
Minoritenplatz 8
1010 Wien
Tel.: 050 11 50-0 (international: +43 50 11 50-0)
E-Mail-Formular: http://www.bmeia.gv.at/kontakt

Wir hoffen, Ihnen mit unseren Informationen behilflich gewesen zu sein, und wünschen Ihnen abschließend alles Gute.

Freundliche Grüße,

Der Bundeskanzler bestätigt demnach gegenüber Bürgern die Notwendigkeit eines Pandemievertrages, verneint jedoch in seiner parlamentarischen Antwort an mich, den Sachverhalt zu kennen! Solche Widersprüche zeugen von einer Respektlosigkeit gegenüber demokratisch gewählten Vertretern des österreichischen Volkes und sie untergraben zugleich drastisch die Glaubwürdigkeit des Bundeskanzlers und der Regierung.

„One Health" und dessen Auswirkungen auf Mensch und Tier

Innerhalb der möglichen Vereinbarungen zum Internationalen Pandemievertrag wurde auch das Konzept „One Health" erstellt. Laut des Textentwurfes des Präsidiums des WHO-Übereinkommens zum Internationalen Pandemievertrag (WHO CA+) [442] vom 02.06.2023 können die Vertreter für ihre Entscheidung unter mehreren Optionen wählen. Eine dieser Möglichkeiten berücksichtigt das Konzept „One Health".

„One Health" wird laut des Fonds Gesundes Österreich folgendermaßen definiert:

> *One Health ist ein kollektiver, vereinender Ansatz, der darauf abzielt, die Gesundheit von Menschen, Tieren und Ökosystemen nachhaltig ins Gleichgewicht zu bringen und sie zu optimieren. Er anerkennt, dass die Gesundheit von Menschen, Haus- und Wildtieren, Pflanzen und der weiteren Umwelt (einschließlich der Ökosysteme) eng miteinander verbunden und voneinander abhängig ist. Der Ansatz mobilisiert verschiedene Sektoren, Disziplinen und Gemeinschaften auf unterschiedlichen Ebenen der Gesellschaft, um gemeinsam das Wohlergehen zu fördern und Bedrohungen der Gesundheit und der Ökosysteme zu bekämpfen und gleichzeitig den kollektiven Bedarf an sauberem Wasser, Energie und Luft sowie an sicheren und nahrhaften Lebensmitteln zu decken, Maß-*

442 *Bureau's text of the WHO convention, agreement or other international instrument on pandemic prevention, preparedness and response (WHO CA+) (beatebahner.de). https://apps.who.int/gb/inb/pdf_files/inb5/A_INB5_6-en.pdf*

nahmen gegen den Klimawandel zu ergreifen und zu einer nachhaltigen Entwicklung beizutragen. [443]

Die WHO-Definition betont zudem die Notwendigkeit des „One-Health-Ansatzes" aufgrund der Erfahrung aus der Corona-Krise und weist dabei auf diverse Virus-Krankheiten (Zoonosen) – wie z. B. Grippe, Tollwut und Rifttalfieber – hin, welche von Tieren auf Menschen übergreifen können. Zoonosen sind Infektionskrankheiten, welche wechselseitig zwischen Tieren und Menschen übertragen werden können. [444] Laut WHO umfasst „One Health" die Bereiche öffentliche Gesundheit, Veterinärmedizin und Umwelt. [445] Aber auch die Lebensmittelproduktion ist ein Teil dieses Konzeptes. Sollte der „One-Health-Ansatz" angenommen werden, wird die Kontrolle über die Landwirtschaft und die Lebensmittelversorgung aller Länder an die WHO übertragen!

Die vier Organisationen in der „One Health Quadripartite"

Die WHO arbeitet in Bezug auf das Konzept „One Health" mit der Food and Agriculture Organization of the United Nations (FAO), dem United Nations Environment Programme (UNEP) und der World Organisation for Animal Health (WOAH) zusammen. Diese vier kooperierenden Organisationen bezeichnen sich als "One Health Quadripartite". [446]

Im Folgenden eine kurze Beschreibung der vier Organisationen:

443 *https://fgoe.org/One_Health_Definition*

444 *https://www.bfr.bund.de/de/zoonosen.html*

445 *https://www.who.int/news-room/questions-and-answers/item/one-health*

446 *https://www.who.int/news-room/questions-and-answers/item/one-health*

1. Die Weltgesundheitsorganisation (World Health Organization, WHO) ist eine Sonderorganisation der Vereinten Nationen (United Nations, UN) mit Sitz in Genf. Aufgabe dieser Organisation ist die Koordination des internationalen öffentlichen Gesundheitswesens. [447]

2. Die Ernährungs- und Landwirtschaftsorganisation der Vereinten Nationen (Food and Agriculture Organization of the United Nations, FAO, im deutschen Sprachraum auch als „Welternährungsorganisation" bezeichnet) ist eine Sonderorganisation der Vereinten Nationen mit Sitz in Rom. Die FAO hat einen ordentlichen Haushalt aus Geldern der Mitgliedsstaaten und darüber hinaus auch noch einen beträchtlichen außerordentlichen Haushalt in erster Linie aus Geldern der Vereinten Nationen. [448]

3. Das Umweltprogramm der Vereinten Nationen (United Nations Environment Programme, UNEP) hat seinen Hauptsitz in Kenias Hauptstadt Nairobi. Nach seinem Selbstverständnis ist dieses Programm die „Stimme der Umwelt" der UN. UNEP bezieht seine Finanzmittel aus den drei Quellen „Environment Fund", reguläres Budget und zweckgebundene Zuwendungen. Für das Jahr 2017 lagen die Einnahmen der Organisation bei 668 Millionen US-Dollar und die Ausgaben bei 562 Millionen US-Dollar. Die zweckgebundenen Zuwendungen (earmarked contributions) und Gelder durch Treuhänderfonds (Trust Funds) sind heute die wichtigsten Finanzierungsquellen für UNEP-Aktivitäten. Sie werden von Staaten, internationalen Organisationen oder privaten Akteuren bereitgestellt. [449]

---

447 https://de.wikipedia.org/wiki/Weltgesundheitsorganisation

448 https://de.wikipedia.org/wiki/Ern%C3%A4hrungs-_und_Landwirtschaftsorganisation_der_Vereinten_Nationen

449 https://de.wikipedia.org/wiki/Umweltprogramm_der_Vereinten_Nationen

4. Die Weltorganisation für Tiergesundheit (World Organisation for Animal Health, WOAH) ist eine internationale Organisation mit Sitz in Paris. Die WOAH kooperiert auf der Basis von Verträgen mit zahlreichen anderen internationalen Organisationen wie der Ernährungs- und Landwirtschaftsorganisation (FAO) und der Weltgesundheitsorganisation (WHO) sowie mit Nichtregierungsorganisationen (NGOs) wie der „International Federation for Animal Health", der „International Veterinary Biosafety Workgroup" und der „World Veterinary Association".

Die ersten drei o.a. Organisationen gehören den Vereinten Nationen (UN) an und die vierte arbeitet seit langem intensiv mit UN-Strukturen zusammen. WHO, FAO, UNEP und WOAH werden zudem teilweise aus privaten Geldern finanziert.[450]

Die „One Health Quadripartite" wird eine Rolle bei der Untersuchung der Auswirkungen menschlicher Aktivitäten auf die Umwelt und die Lebensräume wildlebender Tiere spielen und analysieren, ob eine Bedrohung durch Krankheiten besteht. Zu den kritischen Bereichen gehören laut Ansicht dieses Gremiums die Nahrungsmittelproduktion und -verteilung, die Verstädterung, die Entwicklung der Infrastruktur, der internationale Reiseverkehr und Handel, weiters Aktivitäten, die einen erhöhten Druck auf die natürlichen Ressourcen ausüben und zum Verlust der biologischen Vielfalt bzw. zum Klimawandel führen. All dies kann laut der One Health Quadripartite zum Auftreten von Zoonosen führen.[451]

Aufgrund der Willkür-Erfahrungen, die wir in der Corona-Krise machen mussten, und der Erkenntnis, dass vom zwischenstaatlichen Verhandlungsgremium interpretations-

450 https://de.wikipedia.org/wiki/Weltorganisation_f%C3%BCr_Tiergesundheit

451 https://www.who.int/health-topics/one-health#tab=tab_1

offene Formulierungen in die WHO-Änderungsvorschläge eingeschleust werden sollen, welche es möglich machen, die Grund- und Menschenrechte einzuschränken oder gar aufzuheben, wird man hellhörig.[452] Letztere könnten nämlich bei Beschluss durch die Weltgesundheitsversammlung nicht nur im Internationalen Pandemievertrag, sondern auch in den Internationalen Gesundheitsvorschriften (2005) der WHO festgelegt werden.[453] Es ist davon auszugehen, dass die WHO mit der „One Health Quadripartite" dann weltweit schalten und walten (können) wird, wie es ihr beliebt. Die Überwachung und Impfung von Menschen und Tieren könnte eine der extremen Folgen davon sein – und zwar auch lediglich zum Zwecke der Prävention.

Neue Infektionskrankheiten durch Virusübertragung von Tieren?

Im sogenannten Null-Entwurf (Zero Draft) zum Internationalen Pandemievertrag der WHO vom 01.02.2023 steht unter „Vertragsparteien dieser WHO-Konventionsvereinbarung CA+ Absatz 23", dass die meisten Infektionskrankheiten beim Menschen durch Virusübertragung von Tieren ausgelöst werden. Somit anerkennt jeder Vertragsstaat mit der Unterzeichnung des Abkommens die These, dass „die meisten neu auftretenden Infektionskrankheiten von Tieren (einschließlich Wildtieren und domestizierten Tieren) ausgehen und dann auf den Menschen übergreifen".[454]

Beim Coronavirus war diese Annahme jedoch aus wissenschaftlicher Sicht nicht zweifelsfrei belegbar, denn hierbei

---

452 *https://apps.who.int/gb/; https://apps.who.int/gb/inb/pdf_files/inb5/A_INB5_6-en.pdf*

453 *https://apps.who.int/gb/; https://apps.who.int/gb/inb/pdf_files/inb5/A_INB5_6-en.pdf*

454 *https://tkp.at/2023/03/07/pandemievertrag-gibt-who-kontrolle-ueber-viehbestand-und-lebensmittelversorgung/*

wird eine Laborpanne als Ursprung diskutiert. Professor Dr. Roland Wiesendanger von der Universität Hamburg resümierte in seiner Studie 2021: „Im Gegensatz zu früheren Coronaviren-bedingten Epidemien wie SARS und MERS konnte bis heute, d. h. weit über ein Jahr nach Ausbruch der gegenwärtigen Pandemie (inzwischen sind es bereits drei Jahre, Anm. der Buchautoren), kein Zwischenwirtstier identifiziert werden, welches die Übertragung von SARS-CoV-2-Erregern von Fledermäusen auf den Menschen ermöglicht haben könnte. Die Zoonose-Theorie als mögliche Erklärung für die Pandemie besitzt daher keine fundierte wissenschaftliche Grundlage.“ [455] Auch in den Medien wurde der Ursprung des Coronavirus hinterfragt: „FBI-Direktor bezeichnet eine Laborpanne als ‚höchstwahrscheinlich‘“, schrieb zum Beispiel Anfang März 2023 „Der Spiegel“. [456]

Mit dem Pandemievertrag würde die One Health Quadripartite, die aus nicht demokratisch gewählten Institutionen besteht und deren Macht nicht vom Volke ausgeht, weitreichende Entscheidungs- und Handlungskompetenzen erhalten. Diese betreffen sogar auch Bereiche außerhalb des Gesundheitswesens.

Klimaschutzmaßnahmen gegen Pandemien?

Laut Null-Entwurf (Zero Draft) zum Internationalen Pandemievertrag der WHO vom 01.02.2023, Artikel 18 One Health Absatz 5, verpflichten sich die Vertragsparteien, Synergien mit anderen bestehenden, einschlägigen Einrichtungen zu verstärken, die sich mit den Treibkräften von Pandemien, wie beispielsweise Klimawandel, Verlust der biologischen Vielfalt, Verschlechterung der Ökosysteme und aufgrund mensch-

---

455 https://www.uni-hamburg.de/newsroom/presse/2021/pm8.html

456 https://www.spiegel.de/wissenschaft/natur/fbi-direktor-coronavirus-war-hoechstwahrscheinlich-eine-laborpanne-a-acdabd2f-a482-4c0c-976d-ed5afac68ae7

licher Tätigkeiten erhöhte Risiken an der Schnittstelle zwischen Menschen, Tieren und Umwelt befassen.[457] Laut Meinung der WHO ist demnach der Klimawandel eine Treibkraft von Pandemien. Die WHO könnte daher „Klimaschutzmaßnahmen" wie die Einschränkung der Mobilität beispielsweise im Straßenverkehr oder existenzbedrohende Zwangssanierungen für Immobilienbesitzer und dergleichen mehr verordnen. Die EU hat bereits begonnen, Schritte in diese Richtung zu setzen: Bis 2050 sollen sämtliche Gebäude in der EU klimaneutral sein.[458] Dieses Ziel gibt die Europäische Kommission in ihrem »Fit for 55«-Paket vor.[459]

Einschränkung der Landwirtschaft durch die WHO

Zum Zwecke der Reduktion von Stickstoffemissionen könnten landwirtschaftliche Betriebe auf Anordnung der WHO in ihrer Produktion stark eingeschränkt oder stillgelegt werden. In diesem Zusammenhang könnten beispielsweise insbesondere Getreideanbau und Viehzucht stark gedrosselt oder gar untersagt werden. Die Vereinten Nationen geben auf ihrer Webseite vier Gründe an, warum die „Stickstoffverschmutzung" (z. B. durch Düngerverbote) begrenzt werden muss.[460] Nahrungsengpässe in Bezug auf traditionelle Lebensmittel und die großflächige Einführung einer sogenannten „klimaneutralen" Nahrung aus Insekten könnten die Folgen einer „Klimapolitik" auf Anordnung der UN oder WHO sein. Die Stilllegung von landwirtschaftlichen Betrieben (z. B. Herstellung tierischer Produkte) zur Reduktion von Stickstoffemissionen, wird von der Regierung der Niederlande bereits

457 *https://apps.who.int/gb/inb/pdf_files/inb4/A_INB4_3-en.pdf*

458 *https://www.spiegel.de/wirtschaft/sanierungszwang-die-eu-kommission-will-eigentuemer-von-altbauten-zur-sanierung-verpflichten-a-00b1dfb9-8c9f-4d0e-ba89-65b09ad825f7*

459 *https://www.consilium.europa.eu/de/policies/green-deal/fit-for-55-the-eu-plan-for-a-green-transition/*

460 *https://www.unep.org/news-and-stories/story/four-reasons-why-world-needs-limit-nitrogen-pollution*

mit Genehmigung der EU praktiziert.[461] Im Zusammenhang mit dem Thema Tiergesundheit und mRNA-Impfstoffe für Tiere sind auch die Regelungen des Tierarzneimittelrechtes von Bedeutung.

Auch zu diesem Thema habe ich eine Parlamentarische Anfrage gestellt. Diese hatte unter anderem Fragen zu Tierarzneimitteln zum Inhalt. Da ein näheres Eingehen auf diese Parlamentarische Anfrage jedoch den Inhaltsumfang dieses Buches sprengen würde, können Interessierte gerne die Parlaments-Homepage aufsuchen und die Beantwortungen der Anfragen 14735/J[462] und 14736/J[463] der Abgeordneten Hauser, Schmiedlechner und weiterer Abgeordneter betreffend „One Health – Was erwartet die Menschen und Tiere in der Zukunft?“ abrufen.

WHO bekämpft „Fehlinformation“ und „Desinformation“

Im Textentwurf des Präsidiums des WHO-Übereinkommens zum Internationalen Pandemievertrag (WHO CA+) vom 02.06.2023[464] sind auch Vorgaben zur Bekämpfung von sogenannter „Fehlinformation“ und „Desinformation“ enthalten.[465]

Mit der Bezeichnung „Infodemie“ unter Kapitel I „Einleitung“ Art. 1 (b) ist die WHO der Meinung, dass ein Zuviel an Information, einschließlich „falscher“ oder „irreführender“ Information im digitalen und physischen Umfeld während ei-

---

461 https://www.fwi.co.uk/news/eu-approves-dutch-plan-to-forcibly-close-farms

462 One Health – was erwartet die Menschen und Tiere in der Zukunft? (14735/J) | Parlament Österreich. https://www.parlament.gv.at/gegenstand/XXVII/J/14735

463 https://www.parlament.gv.at/gegenstand/XXVII/J/14735

464 Bureau's text of the WHO convention, agreement or other international instrument on pandemic prevention, preparedness and response (WHO CA+) (beatebahner.de). https://www.parlament.gv.at/gegenstand/XXVII/J/14735

465 https://apps.who.int/gb/inb/pdf_files/inb5/A_INB5_6-en.pdf

nes Krankheitsausbruchs zu Verwirrung und risikobereitem Verhalten sowie zu Misstrauen gegenüber den Gesundheitsbehörden führt. Das untergräbt laut WHO die öffentliche Gesundheitspolitik.

Gemäß Kap. II Art. 18 „Kommunikation und Sensibilisierung der Öffentlichkeit" Abs. 1 sollen die Vertragsparteien die Wissenschaften, das Gesundheitswesen, die Pandemiekompetenz der Bevölkerung sowie den Zugang zu Informationen über Pandemien, deren Auswirkungen und Treibkräfte stärken. Gleichzeitig sind eine „Infodemie" sowie falsche und irreführende Fehlinformation und Desinformation auch durch verstärkte, internationale Zusammenarbeit zu bekämpfen.

Unter lit. (b) wird „regelmäßige Kontaktaufnahme mit der Bevölkerung, soziales Zuhören sowie regelmäßige Analysen und Konsultationen mit Organisationen der Zivilgesellschaft und den Medien" angeordnet mit dem Ziel, „die Verbreitung von Informationen zu ermitteln und Profile von Fehlinformationen, die dazu beitragen werden, Kommunikations- und Mitteilungsstrategien für die Öffentlichkeit zu entwerfen", weiters „Fehlinformationen, Desinformationen und Falschnachrichten entgegenzuwirken und so das Vertrauen der Öffentlichkeit zu stärken und die Einhaltung von Maßnahmen im Bereich der öffentlichen Gesundheit und der Sozialpolitik zu fördern." [466]

WHO strebt Zensur der freien Meinungsäußerung an

Im Art. 18 „Kommunikation und Sensibilisierung der Öffentlichkeit" Abs. 2 steht: „Die Vertragsparteien erforschen gege-

466 *Bureau's text of the WHO convention, agreement or other international instrument on pandemic prevention, preparedness and response (WHO CA+) (beatebahner.de). https://apps.who.int/gb/inb/pdf_files/inb5/A_INB5_6-en.pdf*

benenfalls die Faktoren, die die Einhaltung von Maßnahmen des öffentlichen Gesundheitswesens und der Gesellschaft im Falle einer Pandemie behindern, einschließlich des Vertrauens, der Akzeptanz von und der Nachfrage nach Impfstoffen, des Einsatzes geeigneter Therapeutika, des Einsatzes nichtpharmazeutischer Maßnahmen und des Vertrauens in die Wissenschaft und in staatliche Einrichtungen, und informieren die Politik darüber.“ [467]

Unter dem Vorwand, die Verbreitung von sogenannter „Fehlinformation“ und „Desinformation“ bekämpfen zu wollen, soll eine weitreichende Zensur ermöglicht werden. Die oben angeführten Maßnahmen würden eine schwere Verletzung und Aufhebung der in Österreich verfassungsgesetzlich gewährleisteten Grund- und Menschenrechte, vor allem des Rechtes auf Meinungsäußerungsfreiheit und des Rechtes auf Datenschutz, darstellen.

Was würde die Zustimmung zum Pandemievertrag und zu den Änderungen der Internationalen Gesundheitsvorschriften (2005) der WHO bedeuten?

Vertreter von 193 WHO-Mitgliedsstaaten in der Weltgesundheitsversammlung, deren Regierungen NICHT vom österreichischen Volk demokratisch gewählt wurden, verhandeln und beschließen den Internationalen Pandemievertrag UND die Änderungen der Internationalen Gesundheitsvorschriften (2005) der WHO.

Ein antidemokratisches Verfahrensmerkmal der Beschlüsse zu den Änderungen der Internationalen Gesundheitsvorschriften (2005) der WHO, in der Weltgesundheitsver-

---

467 Bureau's text of the WHO convention, agreement or other international instrument on pandemic prevention, preparedness and response (WHO CA+) (beatebahner.de). https://apps.who.int/gb/inb/pdf_files/inb5/A_INB5_6-en.pdf

sammlung, die wie der Internationale Pandemievertrag, völkerrechtlich[468] rechtsverbindlich sind, ist, dass die Beteiligung nationaler Gesetzgeber[469] oder anderer, an der Genehmigung von Verträgen beteiligter Regierungsstellen, NICHT erforderlich ist. In der Regel verhandeln und beschließen in der Weltgesundheitsversammlung nur die Vertreter der 194 WHO-Mitgliedsstaaten. Sollten die Änderungen der Internationalen Gesundheitsvorschriften (2005) der WHO, in denen der neue Artikel 13A Abs. 1 enthalten ist, durch die Weltgesundheitsversammlung beschlossen und anschließend von nationalen Regierungen ratifiziert werden, würde dies, im Falle eines internationalen Gesundheitsnotstandes, der WHO in Hinkunft die Möglichkeit einräumen, in die Souveränität von WHO-Vertragsstaaten, wie Österreich, einzugreifen. Mit dem Inhalt von Artikel 13A Abs. 1 IGV (2005) der WHO VERPFLICHTEN sich die WHO-Vertragsstaaten, im Falle eines internationalen Gesundheitsnotstandes, im Bereich der öffentlichen Gesundheit den Empfehlungen der WHO zu folgen. Sollten die Änderungen der Internationalen Gesundheitsvorschriften (2005) der WHO, in denen auch der neue Artikel 13A Abs. 1 enthalten ist, durch die Weltgesundheitsversammlung beschlossen und anschließend von nationalen Regierungen ratifiziert werden, würde dies daher, aufgrund des Inhalts des neuen Artikels 13A Abs. 1 IGV (2005) der WHO ebenfalls eine antidemokratische Handlung darstellen.

In der Regel treten Beschlüsse der Weltgesundheitsversammlung zu Änderungen der Internationalen Gesundheitsvorschriften (2005) der WHO für alle WHO-Vertragsstaaten in Kraft, die innerhalb einer festgelegten Frist keine Ablehnung der Beschlüsse an die WHO übermittelt haben.

---

468 *https://www.who.int/health-topics/international-health-regulations#tab=tab_1*

469 *https://www.swp-berlin.org/10.18449/2022A77/*

Folgende Stimmenmehrheiten sind in der Weltgesundheitsversammlung zur Beschlussfassung notwendig:

- Gemäß Artikel 60 a der WHO-Verfassung ist der Pandemievertrag mit einer 2/3-Mehrheit in der Weltgesundheitsversammlung zu beschließen. [470]

- Gemäß Artikel 60 b der WHO-Verfassung werden Änderungsvorschläge zu den Internationalen Gesundheitsvorschriften (2005) der WHO mit nur einer einfachen Mehrheit in der Weltgesundheitsversammlung beschlossen. [471]

WHO-Generaldirektor kann internationalen Gesundheitsnotstand ausrufen

Bei anschließender Ratifizierung des Internationalen Pandemievertrages durch nationale Regierungen kann die WHO in Person des Generaldirektors im Zusammenhang mit dem Inkrafttreten der Änderung im Artikel 12 „Feststellung einer internationalen gesundheitlichen Notlage, einer regionalen gesundheitlichen Notlage oder eines mittleren Gesundheitsalarms" Abs. 2 der Internationalen Gesundheitsvorschriften (2005) der WHO, OHNE Zustimmung der WHO-Vertragsstaaten – d. h. ohne die Zustimmung von Österreich – entscheiden, ob ein internationaler Gesundheitsnotstand vorliegt und einen internationalen Gesundheitsnotstand (Public Health Emergency of International Concern, PHEIC) ausrufen. [472]

Mit Inkrafttreten des neuen Artikels 13A „Internationale gesundheitspolitische Reaktion unter Leitung der WHO" Abs. 1 Änderungsvorschläge der Internationalen Gesundheitsvor-

---

470 https://apps.who.int/gb/bd/PDF/bd47/EN/constitution-en.pdf

471 https://apps.who.int/gb/bd/PDF/bd47/EN/constitution-en.pdf

472 https://apps.who.int/gb/wgihr/pdf_files/wgihr1/WGIHR_Compilation-en.pdf

schriften (2005) erkennen die WHO-Vertragsstaaten – im Falle eines internationalen Gesundheitsnotstandes – die WHO als die leitende, koordinierende Behörde an und VERPFLICHTEN sich, im Bereich der öffentlichen Gesundheit den „Empfehlungen" der WHO zu folgen.[473] Die WHO würde mit dem Inkrafttreten der Änderung im Artikel 12 Abs. 2 und des neuen Artikels 13A Abs. 1 – im Falle eines internationalen Gesundheitsnotstandes – die Kontrolle über die Gesundheitspolitik der WHO-Vertragsstaaten übernehmen!

Eine Einschränkung oder gar Aufhebung der Grund- und Menschenrechte kann im geplanten Internationalen Pandemievertrag, aber auch in den geplanten Änderungen der Internationalen Gesundheitsvorschriften (2005) der WHO durch Beschluss in der Weltgesundheitsversammlung festgelegt werden. Beispielsweise könnte die WHO ihren Vertragsstaaten – im Falle eines internationalen Gesundheitsnotstandes – die Umsetzung einer Impfpflicht mit einem zuvor in den Regelwerken der WHO festgelegten Passus wie z.B. „Notwendigkeit oder Erfordernis spezifischer Maßnahmen" zum „Schutz" von Personen „in gefährlichen Situationen" VERPFLICHTEND empfehlen. Dasselbe wäre unter Anwendung des neuen Artikels 13A Abs. 1 Änderungsvorschläge der Internationalen Gesundheitsvorschriften möglich, falls dieser von der Weltgesundheitsversammlung beschlossen wird.

Mit der geplanten Novelle des Epidemiegesetzes kann eine verpflichtende „Empfehlung" der WHO dann in Österreich auf nationaler Ebene umgesetzt werden. Zur Umsetzung der im Falle eines internationalen Gesundheitsnotstandes verpflichtenden „Empfehlungen" der WHO können also bereits beschlossene Gesetze (z. B. das Krisensicherheitsgesetz) oder neue Gesetze (wie das geplante, sogenannte „zeitgemäße" Epidemiegesetz, in dem sich laut Meinung eines Rechtsexperten

---

473 https://apps.who.int/gb/wgihr/pdf_files/wgihr1/WGIHR_Compilation-en.pdf

eine allfällige Impfpflicht wiederfinden müsse und das noch im Jahr 2023 geschaffen werden soll) auf nationaler Ebene zur Anwendung gebracht werden. [474]

Weltweiter Widerstand gegen den Internationalen Pandemievertrag und die Änderungen der Internationalen Gesundheitsvorschriften (2005) der WHO

Weltweit regt sich Widerstand gegen diese geplante umfangreiche Bevollmächtigung der WHO. Hier zwei Beispiele:

Im Gespräch mit Vertretern der „All-Party Parliamentary Group on Pandemic Response and Recovery“(APPG: Allparteien-Fraktion des Britischen Parlaments zur Bekämpfung und Überwindung einer Pandemie) erklärte Dr. David Bell, ehemaliger wissenschaftlicher und medizinischer Beamter der WHO, dass die sich zurzeit in Ausarbeitung befindlichen Änderungen des Internationalen Pandemievertrages und der Internationalen Gesundheitsvorschriften (2005) der WHO der Weltgesundheitsorganisation die Befugnis verleihen würden, im Falle eines von ihr selbst ausgerufenen Gesundheitsnotstandes tiefgreifende Maßnahmen anzuordnen, wie etwa erhebliche finanzielle Beiträge von einzelnen Staaten einzufordern, eine Zensur über wissenschaftliche Debatten zu verhängen oder aber auch Abriegelungen, Reisebeschränkungen, medizinische Zwangsuntersuchungen und Pflichtimpfungen zu verordnen. [475]

In einem Video warnte der australische Senator Malcolm Roberts vor der Machtergreifung der WHO durch den Internationalen Pandemievertrag und durch die Änderungen der Internationalen Gesundheitsvorschriften der WHO und

474 *https://www.derstandard.at/story/2000142628881/bessere-regeln-fuer-kuenftige-krisen-wie-ein-neues-epidemiegesetz-aussehen*

475 *https://appgpandemic.org/news/who-pandemic-treaty*

bezeichnete diese beiden Vorhaben der WHO als einen dystopischen Albtraum. Außerdem warnte Senator Roberts vor der Anordnung einer Impfpflicht, der Schließung von Grenzen und Unternehmen, vor der Inhaftierung von Personen, die sich der Pflichtimpfung verweigern und vor erzwungenen medizinischen Verfahren.[476]

Wie können wir aus der WHO aussteigen?

Falls der Internationale Pandemievertrag und die Änderungen der Internationalen Gesundheitsvorschriften (2005) der WHO in der vorliegenden Form beschlossen werden, erhält die WHO – eine nicht demokratisch gewählte Organisation, welche bis zu 80 Prozent aus privaten Mitteln finanziert wird – enorme Machtbefugnisse über alle WHO-Mitgliedsstaaten. Es ist davon auszugehen, dass private Spendengeber die Entscheidungen und Handlungen der WHO weiterhin beeinflussen werden.

Hinzu kommt, dass auch alle anderen beteiligten Organisationen (z. B. die One Health Quadripartite) zum Teil aus denselben Geldquellen finanziert werden wie die WHO. Damit ist die Gesamtheit der Akteure alles andere als unabhängig. Sie hängen vielmehr von den selben, mitunter nichtstaatlichen Organisationen wie beispielsweise Stiftungen oder anderen Interessensgruppen, ab.

Da ich als überzeugter Demokrat die sich abzeichnenden Entwicklungen im Zusammenhang mit dem Internationalen Pandemievertrag und den Vorschlägen zu den Änderungen der Internationalen Gesundheitsvorschriften (2005) der WHO nicht gutheißen kann, wollte ich von den zuständigen Ministern wissen, wie man aus der WHO austreten kann.

---

476 https://www.malcolmrobertsqld.com.au/world-health-organisations-dictator-style-power-grab/

Ziel ist es, die geplante Machtübernahme der WHO in Österreich mit allen Mitteln zu verhindern. Hier die Antwort des Bundesministers Alexander Schallenberg[477] auf meine Frage:

> **Zu den Fragen 10 und 11:**
>
> - *Welchen Mitgliedsbeitrag leistet Österreich 2023 an die WHO?*
>   *Unter welcher Budgetposition ist dieser Beitrag im Bundesbudget abgebildet?*
>   *Wie hat sich der Mitgliedsbeitrag in den letzten zehn Jahren entwickelt?*
> - *Wie kann Österreich aus der WHO aussteigen?*
>
> Die Hauptaufgabe der Weltgesundheitsorganisation WHO ist die Bekämpfung von Erkrankungen, insbesondere Infektionskrankheiten, und die Förderung der allgemeinen Gesundheit aller Menschen weltweit. Die Zusammenarbeit mit der WHO sowie das Zusammenwirken mit den anderen WHO-Mitgliedstaaten liegt daher im Interesse Österreichs. Ein Rücktritt Österreichs, wie er in der Anfrage insinuiert wird, würde diesen österreichischen Interessen zuwiderlaufen und wird deshalb klar abgelehnt. Die Satzung der WHO enthält zudem keine Rücktrittsklausel. Ein allfälliger Rücktritt eines Mitgliedstaats müsste deshalb gemäß Völkergewohnheitsrecht geprüft werden. Ein Rücktritt wäre dann möglich, wenn alle anderen Vertragsparteien zustimmen, oder wenn ein Mitgliedstaat gegenüber den anderen Mitgliedstaaten den Nachweis erbringt, dass die Vertragsparteien die Möglichkeit zu einem Rücktritt bereits bei Vertragsabschluss implizit vorgesehen haben. Der Pflichtbeitrag Österreichs als Mitglied der Weltgesundheitsorganisation (WHO) wird vom Bundesministerium für Soziales, Gesundheit, Pflege und Konsumentenschutz (BMSGPK) im Rahmen seines Wirkungsbereiches entrichtet.
>
> Mag. Alexander Schallenberg

Wir haben gute Gründe anzunehmen, dass diese Auskunft des Bundesministers hinterfragenswert ist. US-Präsident Trump kündigte einst den Austritt der USA aus der WHO an. Die Vereinten Nationen prüften daraufhin gemeinsam mit der WHO die Bedingungen für einen Austritt.[478] Die Rücktrittsmitteilung der Vereinigten Staaten aus der WHO

---

477 https://www.parlament.gv.at/gegenstand/XXVII/AB/14112

478 https://crsreports.congress.gov/product/pdf/R/R46575

mit Wirkung 6. Juli 2021 wurde danach dem Generalsekretär der Vereinten Nationen vorgelegt und die UN bestätigten den Austritt der USA aus der WHO. [479] Dieser wurde jedoch von US-Präsident Biden am ersten Tag seiner Amtszeit wieder zurückgezogen. [480] Ein Austritt aus der WHO ist also, mittels einer Rücktrittsmitteilung eines WHO-Mitgliedsstaates – wie Österreich – grundsätzlich machbar. Auch eine Ablehnung der Änderungen der Internationalen Gesundheitsvorschriften der WHO ist für Mitgliedsstaaten, und somit auch für Österreich, möglich.

WHO-Mitgliedsstaaten können Beschlüsse der Weltgesundheitsversammlung ablehnen!

Die Weltgesundheitsversammlung kann gemäß Artikel 21 der WHO-Verfassung durch Beschluss Vorschriften erlassen, die für WHO-Mitgliedsstaaten, wie Österreich, rechtsverbindlich sind. Es sei denn, die jeweiligen WHO-Vertragsstaaten lehnen diese Vorschriften gemäß Artikel 22 der WHO-Verfassung ausdrücklich ab („opt out"). [481] Nach Ablauf der in den Internationalen Gesundheitsvorschriften (2005) der WHO festgelegten Frist zur Zurückweisung oder Formulierung von Vorbehalten sind die betreffenden Vorschriften für all jene WHO-Vertragsstaaten verbindlich, die keinen Einwand erhoben haben. [482]

Zu diesem Thema stellen wir ein paar Fragen an den Schweizer Anwalt Philipp Kruse, der sich intensiv mit den Änderungen der WHO-Statuten befasst hat. [483]

---

479 https://www.reuters.com/article/us-health-coronavirus-trump-who-idUSKBN2482YZ

480 https://www.nytimes.com/2021/01/20/world/biden-restores-who-ties.html

481 https://apps.who.int/gb/bd/PDF/bd47/EN/constitution-en.pdf

482 https://apps.who.int/gb/ebwha/pdf_files/WHA75/A75_R12-en.pdf bzw. https://apps.who.int/gb/ebwha/pdf_files/WHA75/A75_ACONF7Rev1-en.pdf

483 https://www.kruse-law.ch/de/ueber-mich.php

Interview mit dem Rechtsanwalt Philipp Kruse aus Zürich

Warum sollte die WHO-Gesundheitsdiktatur verhindert werden?

Die WHO und die Mehrheit der Mitgliedsstaaten von WHO und UNO glauben, dass die einzig richtige Antwort auf die Covid-19-Krise darin besteht, der WHO massiv mehr Macht über die Mitgliedsstaaten und ihre Bürger und auch sehr viel mehr finanzielle Mittel zur Verfügung zu stellen.
Die WHO hat bisher zu keinem Zeitpunkt eine kritische Neubeurteilung ihrer eigenen Empfehlungen unter Covid-19 zugelassen. Dabei steht längst fest: Lockdown, Maskenpflicht, Testpflicht und vor allem die Injektion weiter Teile der gesunden Bevölkerung mit experimentellen Substanzen auf mRNA-Basis waren in der Summe weitaus schädlicher als der Erreger SARS-CoV-2 selber. Auf diese Weise hat die WHO größeren Schaden in unseren Demokratien, Volkswirtschaften und vor allem bei der Gesundheit der Menschen angerichtet als das «Virus».
Dies alles hat sie nicht zum Schutz der Gesundheit der Menschen getan, sondern ausschließlich im ökonomischen Interesse ihrer Sponsoren. Deshalb darf die WHO auf gar keinen Fall noch mehr Macht bekommen, sondern sie muss zurück-, in eine «dienende Rolle» gezwungen werden, für welche sie ja ursprünglich (1948) auch geschaffen wurde.

Was würde die geplante Änderung der WHO-Statuten bedeuten?

Die WHO will ihr neues Machtregime auf zwei Säulen stellen:
Auf einen gänzlich neuen (noch auszuhandelnden) Pandemievertrag und auf eine Totalrevision ihrer bereits seit 2005 bestehenden Internationalen Gesundheitsvorschriften.
Besonders gefährlich sind die Änderungen der Internationalen Gesundheitsvorschriften, weil diese bereits ein Jahr nach Annahme durch die WHO-Weltgesundheitsversammlung ab Mai

2024 automatisch in Kraft treten sollen. Und dies ohne vorherige demokratische Debatte und ohne Mitsprache der nationalen Parlamente und der Bürger. Diese Änderungen werden es dem Generalsekretär der WHO erlauben, jederzeit aus nichtigem Grund erneut einen Gesundheitsnotstand auszurufen und auf Notrecht gestützt, das Schicksal unseres Planeten zu bestimmen. Der Generalsekretär kann dann sämtlichen 194 Staaten rechtsverbindlich vorschreiben, welche Informationen als die alleinige Wahrheit zu gelten haben und welche Maßnahmen sie um- und durchzusetzen haben – also wiederum: permanenten Lockdown, Masken-, Test- und Impfpflicht, dazu eine totale Überwachung aller wesentlichen Daten mittels digitaler ID.

Ein Mechanismus zur Überprüfung der WHO-Entscheide und ihrer künftig rechtsverbindlichen Empfehlungen ist nicht vorgesehen, im Gegenteil:
Die WHO bekommt starke Instrumente an die Hand und neue Strukturen, welche es ihr erlauben, auf die Mitgliedsstaaten noch sehr viel mehr Druck auszuüben als bisher.
Damit sind die Bürger und die Mitgliedsstaaten gegen die Folgen dauerhafter Panikmache, Desinformation und schädlicher Vorgaben der WHO in keiner Weise mehr geschützt. Die Souveränität der Mitgliedsstaaten, ihre verfassungsmäßige Grundordnung und vor allem das Selbstbestimmungsrecht der Menschen kann von der WHO quasi auf Knopfdruck abgestellt werden – mit potenziell dauerhaften Schadensfolgen für die Gesundheit und für die wirtschaftlichen Grundlagen der Menschen. Umgekehrt aber bleiben die WHO selber wie auch die Produzenten experimenteller Impfsubstanzen vor jedem Zugriff durch absolute Immunität geschützt. Eine solch ungleiche Machtverteilung zugunsten von WHO und Industrie und zulasten der Bürger führt uns ins Verderben.

Johannes Rauch @johannes_rauch · 11. Juli

Der internationale #Pandemievertrag ist wichtig für die Bewältigung künftiger Gesundheitskrisen. Mir ist wichtig, dass dieser Prozess transparent läuft. Deshalb binden wir auch in Österreich betroffene Organisationen in die Erarbeitung ein. Ein Treffen dazu fand heute statt.

8.081

Mehr Antworten anzeigen

Johannes Rauch @johannes_rauch · 11. Juli

Erst wenn die Rechtsnatur des Pandemievertrags feststeht, können wir eine Entscheidung über das innerstaatliche Vorgehen treffen. Sofern Gesetzesänderungen nötig sind, gehen diese selbstverständlich regulär und öffentlich durch den Nationalrat.

1.462

Johannes Rauch @johannes_rauch · 11. Juli

Alles wird verfassungsgemäß ablaufen. Der Vertrag gefährdet in keinster Weise die Souveränität von Staaten, schafft nicht die Demokratie ab und etabliert auch keine "Gesundheitsdiktatur" durch die WHO.

Demokratie via Internet-Posts?

Da sich immer mehr Menschen über den geplanten Machtausbau der WHO informieren, regt sich in der Bevölkerung immer stärker spürbarer Widerstand gegen die Änderungen der

Internationalen Gesundheitsvorschriften (2005) der WHO und den Internationalen Pandemievertrag. Die österreichische Regierung versucht verstärkt mit Propaganda gegenzusteuern, damit die Öffentlichkeit den Pandemievertrag und die Änderungen der Internationalen Gesundheitsvorschriften der WHO nachgiebig hinnimmt. Momentan wird regelrecht „Werbung“ für den Pandemievertrag gemacht. Dazu einige Posts des Gesundheitsministers Rauch zum geplanten Internationalen Pandemievertrag. Ehrliche Demokratie sieht anders aus als solche oberflächlichen Internetposts, die zudem nur Halbwahrheiten transportieren.[484]

Hier einige Anmerkungen zu den „Verlautbarungen“ des Ministers vom 11. Juli 2023 via Internet-Posts (siehe Faksimile).

Post 1: Minister Rauch informierte „betroffene Organisationen“ über die Wichtigkeit des Internationalen Pandemievertrages. Wen genau hat er informiert? Reicht diese Art der Information aus? Hat er die Vor- und Nachteile im Inhalt der Vertragsentwürfe offen angesprochen? Sollte es nicht auch eine öffentliche Diskussion über den Pandemievertrag geben? Sind nicht alle Bürger davon betroffen? Das österreichische Parlament hat er erstaunlicherweise noch nicht informiert! Bisher wurden weder der Internationale Pandemievertrag, noch die Vorschläge zu den Änderungen der Internationalen Gesundheitsvorschriften (2005) der WHO im Parlament detailliert erörtert und diskutiert. Auch die Mainstream-Medien haben die Öffentlichkeit bis dato so gut wie nicht über dieses Thema informiert.

---

484 *Johannes Rauch auf X: „Der internationale #Pandemievertrag ist wichtig für die Bewältigung künftiger Gesundheitskrisen. Mir ist wichtig, dass dieser Prozess transparent läuft. Deshalb binden wir auch in Österreich betroffene Organisationen in die Erarbeitung ein. Ein Treffen dazu fand heute statt. https://twitter.com/johannes_rauch/status/1678754001771286533*

Post 2: Der Minister erklärt: „Erst wenn die Rechtsnatur des Pandemievertrags feststeht, können wir eine Entscheidung über das innerstaatliche Vorgehen treffen. Sofern Gesetzesänderungen notwendig sind, gehen diese selbstverständlich regulär und öffentlich durch den Nationalrat." Unerwähnt bleiben vom Gesundheitsminister jedoch die wesentlichen Vorschläge zu den Änderungen der Internationalen Gesundheitsvorschriften (2005) der WHO im Zusammenhang mit dem Internationalen Pandemievertrag, aufgrund derer sich die WHO-Vertragsstaaten bei Beschluss durch die Weltgesundheitsversammlung – im Falle eines internationalen Gesundheitsnotstandes – dazu verpflichten, den „Empfehlungen" der WHO im Bereich der öffentlichen Gesundheit zu folgen.

Außerdem wurde das Krisensicherheitsgesetz bereits beschlossen und eine Novelle des Epidemiegesetzes ist geplant, in dem sich, laut Meinung eines Rechtsexperten, eine allfällige Impfpflicht wiederfinden müsse. Das neue Epidemiegesetz soll noch im Jahr 2023, bevor die endgültige Form des Internationalen Pandemievertrages und die Beschlüsse zu den Änderungen der Internationalen Gesundheitsvorschriften (2005) der WHO durch die Weltgesundheitsversammlung vorliegen, geschaffen werden. Beide Gesetze können dann angewandt werden, um die – im Falle eines internationalen Gesundheitsnotstandes – verpflichtenden „Empfehlungen" der WHO auf nationaler Ebene umzusetzen (Neuer Artikel 13A Abs. 1 der Änderungsvorschläge für die Internationalen Gesundheitsvorschriften (2005) der WHO).

Post 3: Obwohl der genaue Inhalt des Internationalen Pandemievertrages noch nicht vorliegt, weiß der Minister bereits jetzt, dass dieser die Souveränität von Staaten in keiner Weise gefährdet. (!?) Er weiß bereits jetzt, dass die Demokratie dadurch nicht abgeschafft und keine „Gesundheitsdiktatur" durch die WHO etabliert wird. (!?) Was die Vorschläge zu den Änderungen der Internationalen Gesundheitsvorschriften (2005) der WHO im Zusammenhang mit dem Internationalen Pandemievertrag, welche bislang vom Minister unerwähnt geblieben sind, betrifft, so stellen diese bei Beschluss durch die Weltgesundheitsversammlung zweifelsohne eine ernsthafte Bedrohung für die Souveränität der WHO-Mitgliedsstaaten dar. Sie öffnen einer Gesundheitsdiktatur unter Leitung der WHO Tür und Tor, denn die Mitgliedsstaaten erkennen damit – im Falle eines internationalen Gesundheitsnotstandes – die WHO als leitende Behörde an und verpflichten sich, im Bereich der öffentlichen Gesundheit den „Empfehlungen" der WHO zu folgen (Neuer Artikel 13A Abs. 1 der Änderungsvorschläge der Internationalen Gesundheitsvorschriften der (2005) WHO).

Mit einem Internetpost, inklusive Bild, stimmt der deutsche Gesundheitsminister Karl Lauterbach gemeinsam mit dem WHO-Generaldirektor die Öffentlichkeit bereits auf das Kommen neuer Pandemien ein.[485]

Weit weg von Berlin und Genf, im fernen Indien, sprachen Karl Lauterbach und der WHO-Generaldirektor über den neuen WHO-Pandemievertrag. Dieser sei notwendig, da

485 Prof. Karl Lauterbach auf X: „Frühstück mit >WHO Generaldirektor @DrTedros< in Gujarat Indien. Sprachen über neuen WHO Pandemievertrag, er soll die Welt auf zukünftige Pandemien besser vorbereiten. Leider wird der Klimawandel neue Pandemien mit sich bringen. Dann müssen wir schneller reagieren können. https://www.instagram.com/p/CwEvQEDNcea/

der Klimawandel – darüber sind sich die WHO, der WHO-Generaldirektor und Karl Lauterbach einig – die Treibkraft von Pandemien sei. Die Änderungsvorschläge zu den Internationalen Gesundheitsvorschriften (2005) der WHO im Zusammenhang mit dem neuen WHO-Pandemievertrag werden von Minister Lauterbach im Internetpost nicht erwähnt. Stattdessen kündigt er ganz im Sinne der WHO bereits neue Pandemien an.

Wir brauchen eine echte Normalität
Nichts ist mehr normal

Die „Neue Normalität" ist nicht normal

Wir leben in einer Zeit, in der fundamentale staatliche Systeme faktisch zusammenbrechen und die Politik die wichtigen Probleme der Menschen nicht mehr löst. [486] Stattdessen löst die heutige Politik Probleme, die es gar nicht gibt, um Probleme zu ignorieren, die dringend gelöst werden müssten. [487] Einerseits wurden und werden Unsummen für Corona-Maßnahmen und Impfungen ausgegeben, während gleichzeitig krebskranke Kinder nicht mehr rechtzeitig operiert werden können und im Rollstuhl landen. [488] Die Preise für Nahrungsmittel, Energie, Wohnen, für die Grundbedürfnisse des täglichen Lebens, steigen exorbitant, höher als die offizielle Inflationsrate. [489] Und die Regierenden in Deutschland und Österreich richten den Menschen zynisch aus, dass alles gut wird. [490, 491]

---

486 *https://www.derstandard.at/story/3000000177242/58-prozent-sehen-sich-politisch-kaum-vertreten*

487 *https://twitter.com/RalphJanik/status/1688592486296358912*

488 *https://www.oe24.at/oesterreich/politik/ops-verschoben-kinder-deshalb-im-rollstuhl/569009408*

489 *https://www.derstandard.at/story/3000000179461/acht-prozent-inflation-warum-sind-lebensmittel-in-oesterreich-so-viel-teurer*

490 *https://derstatus.at/politik/nehammers-wirre-glaubensinitiative-in-osterreich-ist-ja-eh-alles-voll-super-1510.html*

491 *https://www.handelsblatt.com/politik/deutschland/bundeskanzler-olaf-scholz-es-wird-gut-ausgehen-fuer-jeden-von-uns/29259360.html*

So, wie es der Chef des WEF, Klaus Schwab, 2020 prophezeite: „Sie werden nichts besitzen und glücklich sein.“ [492]

Aktuell wie selten zuvor: George Orwells Klassiker "1984"

19.01.2021, 10:17 | Lesedauer: 5 Minuten

dpa

George Orwell ist Autor der Klassiker "1984" und "Farm der Tiere".

Foto: dpa

Quelle: https://www.abendblatt.de/kultur-live/buecher/article231360412/Aktuell-wie-selten-zuvor-George-Orwells-Klassiker-1984.html

Während Europa von illegalen Einwanderern gestürmt wird [493] und in Schweden jetzt das Militär unkontrollierbare Banden- und Drogenkriege (vornehmlich aus dem Migranten-Milieu) bekämpfen soll [494], gibt es in Wien ab Oktober

492 *https://www.abgeordnetenwatch.de/profile/tabea-roessner/fragen-antworten/im-jahr-2030-werden-sie-nichts-besitzen-und-gluecklich-sein-schreibt-klaus-schwab-wie-beurteilen-sie-sehr*

493 *https://de.euronews.com/my-europe/2023/09/28/keine-eu-einigung-uber-migrationskrisen*

494 *https://www.focus.de/perspektiven/hoechste-todeszahl-in-eu-durch-schusswaffengebrauch-mit-militaer-gegen-gangs-so-will-schweden-eskalierende-bandengewalt-bekaempfen_id_215134989.html*

2023 nachts in einem Großteil der Polizeiposten keine Hilfe mehr.[495] Für Klima-Kleber ist genug Polizei vorhanden, aber nachts geht die Sicherheit in der österreichischen Bundeshauptstadt „schlafen“. Das ist „Sicherheit“ in der „neuen Normalität“.

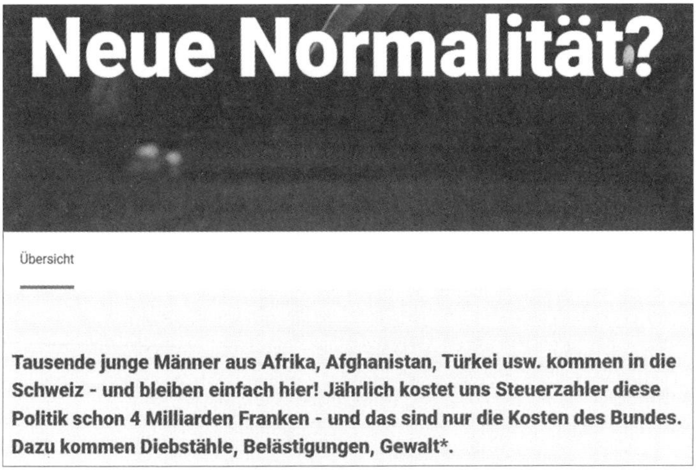

Quelle: https://www.svp.ch/neue-normalitaet/

Die System-Parteien bezeichnen sich als „Demokraten“ und „Bewahrer der Freiheit“, während sie in der Corona-Zeit die Menschen drangsaliert, eingesperrt, unter Druck gesetzt und zu desaströsen Impfungen gedrängt und gezwungen haben. Mittlerweile sollen die Bürger in Deutschland jährlich entscheiden, welches der 60 Geschlechter[496] sie annehmen wollen[497], aber sie dürfen nicht mehr frei entscheiden, wie sie in

495 *https://exxpress.at/jetzt-verraet-polizei-in-diesen-wachzimmern-gibts-nachts-keine-hilfe-mehr/*

496 *https://www.faz.net/aktuell/gesellschaft/geschlechter-liste-alle-verschiedenen-geschlechter-und-gender-arten-bei-facebook-13135140.html*

497 *https://www.derstandard.at/story/2000137154168/in-deutschland-sollen-kuenftig-alle-ihr-geschlecht-selbst-waehlen-duerfen*

Zukunft heizen wollen.[498] Viele Menschen haben Probleme, für ihre Kinder einmal pro Tag eine warme Mahlzeit zu organisieren, und der österreichische Bundeskanzler verhöhnt sie noch: Er rät ihnen, ihren Kindern eben einen billigen ungesunden Hamburger von McDonald's zu kaufen. Dabei ist seine Preisangabe nicht einmal korrekt.[499] Dieses Video ist entwaffnend: Es geht nicht um Gesundheit, um Respekt, um Hilfe, es geht auch nicht um die einheimische Wirtschaft, um den Bäcker ums Eck. Es geht darum, dass man bei einem amerikanischen globalen Weltkonzern ungesundes, industriell gefertigtes Junkfood essen soll; demnächst vermutlich sogar auch noch Insekten.[500] Die Systempolitik, die großen Institutionen wie die EU und die globalen Nahrungsmittelkonzerne denken genau in diesen Kategorien.

Quelle: https://www.welt.de/politik/deutschland/video207288183/Exit-Strategie-Vizekanzler-Scholz-Wir-bewegen-uns-in-eine-neue-Normalitaet.html

498 *https://www.fr.de/verbraucher/2024-geg-energiewende-waermepumpe-energiekrise-oelheizung-gasheizung-habeck-heiz-gesetz-heizen-ab-92267217.html*

499 *https://auf1.info/oesterreich-nun-hat-karl-nehammer-seiner-oevp-auch-eine-ibiza-affaere-beschert*

500 *https://www.geo.de/wissen/ernaehrung/insekten-in-lebensmitteln-jetzt-in-der-eu-zugelassen-33115156.html*

Das ist die von Klaus Schwab [501], Ex-Kanzler Kurz [502] oder Kanzler Scholz [503] angekündigte „neue Normalität“, die mit allen Mitteln umgesetzt werden soll. Zwei Drittel aller Bürger haben daher die Wahrnehmung, „bei bestimmten Themen“ werde „man heute ausgegrenzt, wenn man seine Meinung sagt.“ [504] Im Duden steht unter dem Wort „normal“ folgende Erklärung: „So geartet, wie es sich die allgemeine Meinung als das Übliche, Richtige vorstellt“. [505] Wenn man aktuelle Umfragen betrachtet, werden die oben angeführten Wahnsinnigkeiten vom Großteil der Bevölkerung NICHT als allgemein üblich, also „normal“, empfunden.

Die „neue Normalität“: ein Ausnahmezustand, nicht normal

Quelle: https://www.tagesschau.de/faktenfinder/corona-chronik-pandemie-109.html

---

501 *http://reparti.free.fr/schwab2020.pdf*

502 *https://www.heute.at/s/corona-lage-in-osterreich-kurz-informiert-aktuell--49770727*

503 *https://www.bundesregierung.de/breg-de/themen/coronavirus/bund-laender-corona-1744306?view=renderNewsletterHtml*

504 *https://www.tagesschau.de/inland/innenpolitik/afd-erfolg-krueger-100.htm*

505 *https://www.duden.de/suchen/dudenonline/normal*

Die Zufriedenheit der Bevölkerung mit den Regierenden sinkt dramatisch. [506, 507] Die „neue Normalität" ist nicht normal, im Gegenteil.

Wege in eine echte Normalität

Was also muss geschehen, damit in Europa wieder eine vom Großteil der Bevölkerung akzeptierte „Normalität" einkehrt? Dazu ein paar persönliche Gedanken und Meinungen.

1. Wir brauchen eine neue politische Ausrichtung – mit Sachverstand, Empathie, Verantwortungsbewusstsein gegenüber der Bevölkerung, Aufrichtigkeit und Handschlagqualität. Die falsche Corona-Politik, die daraus resultierende Teuerung, die ungehemmte Migration, der brandgefährliche Ukraine-Krieg und nicht zuletzt der eskalierte Nahost-Konflikt – auch mitten in Europa – haben klar gezeigt, dass die bisherige Politik der System-Parteien unfähig oder unwillig war und ist, diese fundamentalen Probleme zu sehen und sie zu lösen. Und es soll noch dazu in dieser Tonart weitergehen!? Der österreichische Gesundheitsminister Johannes Rauch brüstete sich in aller Öffentlichkeit, wie weitreichend und radikal man mit den Corona-Schikanen die Freiheiten der Bürger einschränken konnte. Und er ließ durchblicken, dass er sich „dieselbe Radikalität" wie bei Corona nun auch im „Klima-Kampf" wünscht. [508]

   Wer das nicht will, darf Politiker und Parteien, die die Gesellschaft derartig radikal umkrempeln und sie zerstören wollen, keinesfalls mehr wählen.

---

506 *https://www.oe24.at/oesterreich/politik/umfragen/mieses-umfrage-zeugnis-74-prozent-mit-arbeit-der-regierung-unzufrieden/563264521*

507 *ttps://www.zeit.de/politik/deutschland/2023-08/bundesregierung-ampel-zufriedenheit-umfrage?utm_referrer=https%3A%2F%2Fwww.startpage.com%2F*

508 *https://derstatus.at/great-reset/klima-diktatur-rauch-will-gleiche-radikalitat-wie-bei-corona-1254.html*

ENTLARVENDE WORTE BEI SDG-TREFFEN

Klima-Diktatur: Rauch will gleiche 'Radikalität' wie bei Corona

GREAT RESET

Quelle: https://derstatus.at/great-reset/klima-diktatur-rauch-will-gleiche-radikalitat-wie-bei-corona-1254.html

2. Das Geld der Steuerzahler muss neu verteilt werden. Eine der Hauptaufgaben der Politik ist, die Steuereinnahmen sinnvoll Steuergelder sinnvoll zu verwalten und entsprechende Prioritäten zu setzen. Ist es wirklich die Aufgabe des Staates, Medien mit Milliardenbeiträgen zu „füttern“, Unsummen für Corona-Maßnahmen zum Fenster hinauszuwerfen, jedem neu im Land angekommenen Migranten sofort den Klimabonus auszuzahlen, mit riesigen Geldsummen weiter in den Ukraine-Krieg einzugreifen? Und das, obwohl gerade die USA weitere Milliardenzahlungen eingestellt haben? [509] Oder soll stattdessen in das Gesund-

---

509 https://www.mdr.de/nachrichten/welt/osteuropa/politik/ukraine-krieg-usa-hilfsgelder-shutdown100.html

heitssystem, die Sicherheit, das Bildungswesen, die Begrenzung der Zuwanderung sowie in Friedensbemühungen investiert werden? Genau um solche grundsätzlichen politischen Entscheidungen geht es jetzt. In Zukunft werden diese Fragen noch dringlicher sein, da der wirtschaftliche Abschwung die finanzielle Situation der Menschen noch mehr verschärfen wird.[510]

3. Unser Gesundheitssystem muss dringend gerettet werden. Was brauchen kranke Menschen? Einen Arzt, der sie behandelt, eine entsprechende Infrastruktur und Pflegepersonal, das sie betreut. Für einen Kranken ist es völlig egal, ob es eine oder hundert Krankenkassen gibt, ob die Krankenhäuser vom Bund oder den Ländern verwaltet und ob tausend oder hunderttausend Menschen in der Bürokratie beschäftigt werden. Wir brauchen ganz einfach mehr medizinisches Personal und ein auf die Gesundheit der Menschen ausgerichtetes System, das nicht mehr nur die Interessen der Pharmaindustrie vertritt.

   Wir sollten die überbordende Bürokratie im Gesundheitswesen und in allen anderen Bereichen massiv verschlanken und das dadurch freiwerdende Geld für kranke Menschen verwenden, für Spitäler, Ärzte, Pflegepersonal und Ordinationen, nicht mehr für die Selbstbeschäftigung und „Besitzstände“ von Krankenversicherungen, Kammern, Interessensverbänden und Politikern. Wir brauchen keinen aufgeblasenen Verwaltungsapparat, sondern wie brauchen beispielsweise Behandlungsplätze für unsere psychisch krankgemachten Kinder und vieles, vieles andere mehr.

---

510 https://www.ots.at/presseaussendung/OTS_20231004_OTS0068/eco-droht-der-abschwung-wie-oesterreich-und-deutschland-in-die-rezession-rutschen

Studiert bloß nicht Medizin: Gründe gegen ein Medizinstudium

Die Ergebnisse einer Umfrage unter Jungärzten schrecken auf. Der Traumberuf wird zum Knochenjob. Die Arbeit in der Klinik frustriert viele. Warum?

Quelle: https://stellenmarkt.faz.net/karriere-lounge/berufsfelder/gesundheitswesen/studiert-bloss-nicht-medizin/

4. Kranke Menschen müssen wieder normal behandelt werden. Wenn das nicht gelingt, werden dieses Jahr im Herbst/Winter bei der nächsten Erkrankungswelle die jetzt schon überlasteten Krankenhäuser völlig kollabieren. Dazu gehört natürlich auch, dass bei uns endlich COVID-19-Kranke medikamentös behandelt werden. Der Einsatz von Medikamenten wurde von Mainstream-Medien und System-Politik so schlecht geredet, dass die Ärzte sehr zurückhaltend wurden und die neuen zugelassenen COVID-19-Medikamente kaum verschreiben. [511]

5. Für eine wirkliche Versöhnung muss die Politik der letzten drei Jahre endlich aufgearbeitet werden. Es ist sehr viel schiefgelaufen, unheimlich viel Leid angerichtet und massiv Geld vernichtet worden. Aber seitens der System-Parteien und Mainstream-Medien würde man darüber am liebsten einfach nicht reden. Die Forderungen der FPÖ und der AfD, zur Aufklärung der politischen Verantwortlichkeiten endlich einen Untersuchungsausschuss einzusetzen, sind daher voll zu unterstützen. [512], [513] Dafür müssen aber diese beiden Parteien nach der nächsten Wahl stark genug sein.

---

511 *https://www.stiftung-gesundheitswissen.de/presse/corona-medikament-darum-wird-paxlovid-selten-verschrieben*

512 *https://www.parlament.gv.at/aktuelles/news/FPOe-beantragt-Einsetzung-eines-Corona-Untersuchungsausschusses*

513 *https://www.bundestag.de/dokumente/textarchiv/2023/kw13-de-ua-corona-938400*

So tickt die ÖVP-Elite: „Aufs Gwissen wird geschissen!"

Quelle: https://www.youtube.com/watch?v=vzJ725rBNOw

Wenn man das mit der Corona-Pandemie in die Gesellschaft quasi „injizierte" politische Gift der Ausgrenzung und Spaltung nicht endlich beseitigt und Fehler offen eingesteht, wird dieses Gift weiter in der Gesellschaft zirkulieren und seine zerstörerische Wirkung verbreiten.[514] Ein Problem löst man bekanntlich nicht dadurch, dass man nicht darüber spricht.

6. Impf-Opfer müssen endlich ernst genommen werden. Sie brauchen medizinische Hilfe, Ärzte und Krankenhäuser, die sie behandeln. Dazu bedarf es dringend spezialisierter Ambulanzen und Stationen in den Krankenhäusern.[515] Die Impf-Opfer benötigen aber auch finanzielle Hilfe, da

514 *https://www.faz.net/aktuell/feuilleton/debatten/internist-stefan-schreiber-ueber-die-fehler-der-corona-politik-17105462.html*

515 *https://www.ukgm.de/ugm_2/deu/umr_kar/51186.html*

oft hohe Behandlungs- und Rehabilitationskosten entstehen oder Renten wegen Berufsunfähigkeit oder nach Todesfällen ausgezahlt werden müssen. Der von der FPÖ durchgesetzte „Niederösterreichische COVID-Hilfsfonds für Corona-Folgen" ist ein gutes Beispiel dafür, und diese Initiative sollte so bald als möglich überall eingeführt werden.[516]

7. Corona hat gezeigt, dass die Mainstream-Medien ihrer Aufgabe als „vierte Gewalt", als Kontrolle der Mächtigen, nicht mehr nachkommen. Sie sind „Vollzugsorgane ihrer eigenen Meinungsmache: mit immer stärkerem Hang zum Einseitigen, Simplifizierenden, Moralisierenden, Empörenden und Diffamierenden."[517] Eine „Mehrheitsmeinung" wird gemacht, auch wenn sie keine ist. In Deutschland wurden 200 Journalisten von der Regierung bezahlt, damit sie für 14 Ministerien „auf Wunsch lieferten".[518] Geld an Journalisten, Zahlungen an Verleger und Medienförderung korrumpieren die Medien.[519] Daher wenden sich immer mehr Menschen von den Mainstream-Medien ab.[520]

   Deshalb brauchen wir neue, alternative Medien, die unabhängig über alle Themen berichten. Und wir brauchen sie so dringend wie nie zuvor.[521] Eine Demokratie kann ohne

516 *https://www.noe.gv.at/noe/Coronavirus/NOe_COVID-Hilfsfonds_fuer_Corona-Folgen.html*

517 *https://www.fischerverlage.de/buch/richard-david-precht-harald-welzer-die-vierte-gewalt-wie-mehrheitsmeinung-gemacht-wird-auch-wenn-sie-keine-ist-9783103975079*

518 *https://weltwoche.ch/daily/medien-im-sold-der-regierung-200-journalisten-wurden-fuenf-jahre-lang-fuer-15-millionen-euro-gekauft/*

519 *https://weltwoche.ch/daily/medien-im-sold-der-regierung-200-journalisten-wurden-fuenf-jahre-lang-fuer-15-millionen-euro-gekauft/*

520 *https://www.spiegel.de/spiegel/journalismuskrise-warum-viele-leser-den-medien-misstrauen-a-1195175.html*

521 *https://www.youtube.com/watch?v=sAuA8CzIPQg*

unabhängige Medien nicht funktionieren.[522] Ohne Meinungs- und Pressefreiheit gibt es keine Freiheit.[523] Die derzeitigen Bestrebungen, alternative Medien zu verunglimpfen, einzuschränken und sie zu bekämpfen, sind daher strikt abzulehnen.[524] Voltaire sagte völlig richtig: „Mein Herr, ich teile Ihre Meinung nicht, aber ich würde mein Leben dafür einsetzen, dass Sie sie äußern dürfen.“ Wer Freiheit und wirkliche Demokratie will, muss das Recht auf freie Meinungsäußerung und auf Pressefreiheit uneingeschränkt verteidigen und darf sich nicht bevormunden lassen.

8. Alle Bestrebungen, unsere Grundrechte und unsere Freiheit einzuschränken, wie es in der Corona-Zeit von den System-Parteien ausgehend geschah, müssen zurückgewiesen werden. Das gilt auch für die WHO, die derzeit diskutiert und plant, die Grundrechte und die Achtung der Menschenwürde aufzuheben oder sie zumindest einzuschränken und zu relativieren.[525]

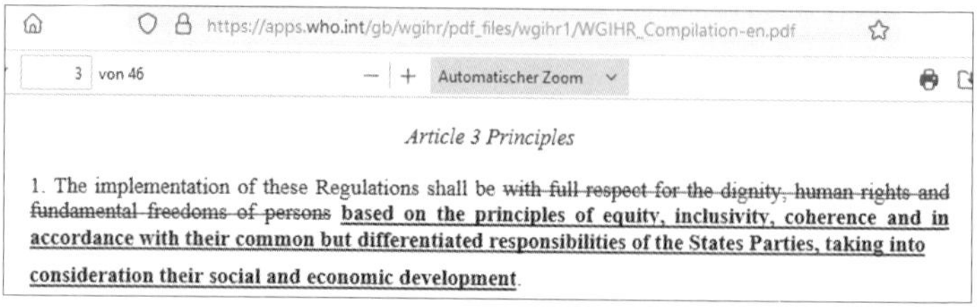
https://apps.who.int/gb/wgihr/pdf_files/wgihr1/WGIHR_Compilation-en.pdf

3 von 46 Automatischer Zoom

Article 3 Principles

1. The implementation of these Regulations shall be ~~with full respect for the dignity, human rights and fundamental freedoms of persons~~ **based on the principles of equity, inclusivity, coherence and in accordance with their common but differentiated responsibilities of the States Parties, taking into consideration their social and economic development**.

Die in der WHO diskutierte Streichung der Menschenwürde, der Grundrechte und der fundamentalen Freiheiten und der Ersatz durch eine beliebige Formulierung

522 *https://www.boell.de/sites/default/files/endf_boell_demokratie-braucht-unabhaengige-medien_v01_kommentierbar.pdf*

523 *https://www.fr.de/meinung/gastbeitraege/es-gibt-keine-freiheit-ohne-pressefreiheit-90484390.html*

524 *https://auf1.tv/stefan-magnet-auf1/auf1-wird-bekaempft-doch-wir-lassen-uns-nicht-stoppen*

525 *https://apps.who.int/gb/wgihr/pdf_files/wgihr1/WGIHR_Compilation-en.pdf*

Das gilt auch für die derzeitigen Bestrebungen, alle medizinischen Daten digital zu erfassen und diese an die EU und von dort an die WHO weiterzugeben. Wer nicht will, dass zukünftig die WHO wie in einer Diktatur bestimmt, wann welche Pandemie oder Erkrankung mit welchen Mitteln (Lockdowns, Quarantänen, Zwangsimpfungen, Ausgangssperren, etc.) „bekämpft" werden muss, darf keine Partei wählen, die so etwas unterstützt.

Quelle: https://jungefreiheit.de/kultur/gesellschaft/2023/wie-die-who-plant/

Man glaubt es kaum, aber 234 Jahre nach der Französischen Revolution müssen wir wieder um unsere Grund- und Freiheitsrechte und um unser Recht auf körperliche Unversehrtheit kämpfen. Nicht nur in Nordkorea oder Myanmar, sondern hier bei uns – mitten in Europa.

Nachwort der Autoren

Danke, dass Sie sich für die Aufarbeitung der Corona-Politik und das geplante Gesundheitsdiktat durch die WHO interessieren und Ihnen eine segensreiche gesellschaftliche Normalität am Herzen liegt. Das politische Engagement der Bürgerinnen und Bürger ist jetzt die alles entscheidende Stütze unserer Demokratie – auch wir Autoren setzen uns aktiv für sie ein.

Wir halten deshalb in ganz Österreich und in den Nachbarländern Vorträge über die Coronamaßnahmen, die COVID-19-Impfung, die Folgen der desaströsen Coronapolitik, das desolate Gesundheitssystem und die Machtpläne der Weltgesundheitsorganisation (WHO) und ihrer Sponsoren. Sie erfahren bei unseren Veranstaltungen, wohin sich Menschen mit Impfnebenwirkungen wenden können. Es gibt zum Glück immer mehr Ärzte, die sich intensiv mit der Behandlung von Impfschäden befassen. Wir laden Sie ein, mit uns ins Gespräch zu kommen und Ihre Fragen offen zu stellen. Sie können vor Ort unsere drei Bestseller erwerben und signieren lassen. Und nicht zuletzt bieten unsere Info-Abende Ihnen die Möglichkeit, sich mit Gleichgesinnten aus Ihrer Region zu vernetzen und neue Wege der Zusammenarbeit zu finden.

Zum Abschluss einige weise Worte von Prof. Dr. Sucharit Bhakdi aus einem Interview beim Zweiten Corona-Symposium am 11. November 2023 im Deutschen Bundestag in Berlin:

„Wir haben von dieser Pandemie etwas extrem Wichtiges gelernt, nämlich, dass die Angst benutzt wird von denen da oben, um uns zu regieren. Ohne Angst sind sie machtlos. Es ist klar, dass es keinen Grund gibt, Angst zu haben. [...] Und das Positive ist: Jetzt wissen wir, dass, wer Angst schürt, eigentlich das Menschsein verlassen hat und nichts Gutes will. Und deswegen ist es so einfach für die ganze Gesellschaft:

Wenn Ihr seht, dass Politiker Angst schüren, wählt sie ab!
Wenn Ihr seht, dass Medien Angst schüren, schaltet sie aus!
Wenn Ihr seht, dass Wissenschaftler, Mediziner Angst schüren, meidet sie!“

Die Termine für unsere Veranstaltungen finden Sie hier:

https://gerald-hauser.at/termine/

Kommen Sie vorbei und diskutieren Sie mit.
Wir freuen uns auf Sie!

Impressum

NAbg. Mag. Gerald Hauser
Univ.-Doz. Dr. Hannes Strasser, MSc.
DIE GESTOHLENE NORMALITÄT
WHO-Diktatur stoppen & Gesundheitssystem retten
Verlag Frank&Frei
Wien 2024
www.frankundfrei.online

ISBN: 978-3-903236-75-2

Gedruckt in der EU
Titelfoto: Montage ©Dreamstime / © Wikipedia